W0061169

DÖRLEMANN

Manuela Reichart

Beziehungsweise

Liebesvariationen

Dörlemann

Dieses Buch ist auch als
DÖRLEMANN eBook erhältlich.
ISBN 978-3-03820-939-3

Alle Rechte vorbehalten
© 2017 Dörlemann Verlag AG, Zürich
Umschlag: Mike Bierwolf
Satz: Dörlemann Satz, Lemförde
Druck: CPI – Clausen & Bosse, Leck
ISBN 978-3-03820-039-0
www.doerlemann.com

Beziehungsweise

Die Zeit vergeht, die Erinnerung bleibt

Als sie die Schublade erst gedankenlos auf- und dann schnell wieder zuzog, hatte ich das seltsame Teil schon gesehen: ein Ledergürtel, an dem ein Gummipenis befestigt war. Sie hatte nach einem Stadtplan gesucht, wollte mir den Weg zum Restaurant erklären, in dem wir uns am nächsten Mittag treffen würden. Wir redeten nicht darüber. Ich fragte nichts. Sie sagte nichts. Sie hieß Annemarie. Niemand hieß damals Annemarie. Als ich den umschnallbaren Penis sah, hatte sie den Namen schon abgelegt, den zweiten zum ersten gemacht. Sie hieß jetzt Sarah. Und war froh damit. Sie führte auch wieder ihren Mädchennamen. Sarah Hellwig: Das klingt doch wirklich besser, sagte sie, als ich ihr Vorhaltungen machte, man könne nicht einfach einem bekannten Gesicht, einem vertrauten

Menschen einen neuen Namen geben. Für mich sei sie Annemarie. Wie sollte ich das ändern. Du hast es ja gut, Christiane ist in Ordnung. Das fand ich nicht. Annemarie Schwartz gab es jedenfalls nicht mehr. Sie hatte sich neu erfunden.

Ich hatte mich schließlich gefügt und an ihren selbstgewählten Namen gewöhnt. Auf meine Briefe und Postkarten schrieb ich statt Annemarie Schwartz nun Sarah Hellwig. Sie lebte jetzt in Paris. Sie hatte französische Bekannte und Freunde, sie träumte auf Französisch, arbeitete in einer Galerie. Vor Jahren war sie nach Paris gefahren, um sich mithilfe einer neuen Methode einen dauerhaften Lidstrich ziehen zu lassen. Da lebte sie noch in Köln. Permanent Make-up wurde dort nicht angeboten. Sie nahm den Weg in Kauf, wollte vorsorgen, wie sie sagte, denn auf einem faltigen Auge könne man keine geraden Striche mehr ziehen. Es sah schön aus und sie behauptete, es habe überhaupt nicht wehgetan. Da war sie noch Annemarie. Als ich es ihr später nachmachen wollte, brach die Kosmetikerin die Prozedur nach fünf Minuten ab, weil ich vor Schmerz zuckte und jammerte. Fünf Jahre später hieß sie Sarah. Ließ den Lidstrich erneuern und hatte eine winzige Wohnung in der Rue Jacob, viel zu teuer, ein wenig schäbig. Aber sie war in Paris. Hatte es geschafft. Köln hinter sich gelassen. Mit der Vergangenheit gebrochen. Sich für einen neuen Namen, ein neues Leben entschieden.

Als ich das hautfarbene Gummiteil sah, hatte sie mir am Tag zuvor ein kleines Schild geschenkt, das man gewöhnlich auf Grabsteine klebt: »Le temps passe, le souvenir reste.« Da lebte sie noch nicht mit ihrer Freundin zusammen. Das kam später. Auch die Hochzeitsanzeige.

Sie war der Liebe wegen nach Paris gezogen. Der Mann war zehn Jahre älter. Sie war auf der Domplatte in ihn hineingelaufen. Er schaute nach oben, sie hatte es eilig. Schicksal mit höchstem Segen, witzelte sie. Sie heirateten zwei Monate später. Improvisiert und glücklich. Jedenfalls sah das auf dem Foto so aus, das sie mir schickte. Sie strahlten beide in die Kamera und auf die Rückseite hatte sie geschrieben: »Wie in *Rebecca*. Weißt du noch, wie du mir davon erzählt hast? Wir haben in einem

kleinen Rathaus an der Côte d'Azur geheiratet.
Keine Ahnung, wie er das geschafft hat. Toll. Das
Leben fängt noch mal an. Und die Liebe auch!«
Trotzdem hielt die Geschichte mit Bertrand nicht.
Er wurde ihr zu langweilig. Er träumte von einer
neuen, einer richtigen Familie, von Kindern. Sie
kauften ein heruntergekommenes Bauernhaus in
der Normandie. Ein Jahr lang fuhren sie jedes
Wochenende hin, renovierten, reparierten, verleg-
ten neue Leitungen. Sie konnte das besser als er.
Neue Kacheln, neuer Küchenboden. Sie rissen tra-
gende Wände ein und saßen abends in dreckigen
Arbeitsklamotten und mit Schwielen an den Händen am Kamin. Wir sind froh zusammen, schrieb
sie mir da noch. Er war auch ein wirklich netter
Mann. Ich dachte, was für ein Glück sie doch hat.
Gutaussehend, charmant, ein Südfranzose wie aus
dem Bilderbuch, nicht sehr groß, na gut, aber dafür hatte er diese sanften braunen Augen, mit denen
er nur sie ansah, an dem Abend, als ich sie das erste
Mal in Paris besuchte. Da wohnten sie gemeinsam
am Montparnasse, die Wohnung hatte er von seiner
Großmutter geerbt. Allein das war schon ein un-

fassbares, ein riesiges Glück. Eine große Wohnung in Paris. Er hatte eine gescheiterte Ehe hinter sich und eine fast erwachsene Tochter. Er mochte ihre Kinder. Er sprach Deutsch, besser als ich Französisch. Ich schlief im Gästezimmer und am Morgen standen Croissants und frischer Kaffee auf dem Tisch. Bertrand hatte eingekauft, bevor er zur Arbeit fuhr, Orangensaft ausgepresst. Welcher Mann macht das denn? Für die Freundin seiner Geliebten. Sie schlief noch, musste erst später ins Goethe-Institut, wo sie einen kleinen Bürojob ergattert hatte. Ich beneidete sie ein wenig um ihr Glück. Aber das hatte sie sich auch wirklich verdient. Sie war damals 38, er zehn Jahre älter. Es hätte gerade noch klappen können mit den gemeinsamen Kindern und der neuen Familie.

Als das alte Bauernhaus rundum gestrichen, die Heizung eingebaut war, verließ sie ihn. Sie hatte auf einer Party mit einer Frau getanzt, viel getrunken, sie geküsst. Mehr war nicht gewesen. Bertrand begriff nicht, warum sie ging. Drei Jahre hatte die Liebe gedauert. Alles schien gut und harmonisch, sie waren sich uneinig höchstens über die Farbe der Küchenwände. Sie erklärte ihm, sie müsse neu beginnen, ein anderes Leben führen. Sie habe einen Fehler gemacht. Sich getäuscht. Ich verstand auch nicht, warum sie wegging, schon wieder alles aufgab. Sie könne die andauernde Fürsorge nicht ertragen, schrieb sie, seine frohe Gelassenheit. Ihr fehle die Leidenschaft – und den Traum von der Familie habe sie nicht umsonst schon einmal hinter sich gelassen. Damit könne sie keiner mehr locken. Sie fand einen neuen Job und die winzige Wohnung. Ich bewunderte sie einmal mehr für ihre Entschlossenheit. Ihren Mut. Ich war zehn Jahre jünger und liebte meinen Mann, hatte gerade das Baby bekommen. Niemals hätte ich die beiden verlassen. Wahrscheinlich auch nicht für einen dunkelhaarigen Südfranzosen mit großer Wohnung in Paris. Bertrand rief mich an und schluchzte in den Apparat. Er war verzweifelt, suchte nach einer Erklärung, wollte einen Grund. Ich konnte ihm keinen nennen. »War's der Sex?« Ich wusste es nicht. »Die Geschichte mit der Frau? Du musst das doch wissen. Sie hat mir von euch erzählt. Deswegen wirft man doch nicht alles weg.«

Ich habe ihn vor seinem Tod noch einmal gesehen. Ich war in Paris, wir trafen uns auf einen Aperitif, er hatte keinen Kontakt mehr zu Sarah, aber eine neue Liebe. Er starb zwei Jahre später an einem Herzinfarkt, in einer Boulangerie brach er zusammen. Die Scheidung war da gerade durch. Die Wohnung erbte seine Tochter, das Landhaus seine neue Freundin. Sarah schien das nicht zu berühren. Es war doch auch ihr Haus gewesen. »Vorbei und vergessen«, schrieb sie. Sie ging in der Zeit auf wilde Partys und nahm junge Männer mit nach Hause. Sie erzählte mir am Telefon von Diskotheken, in denen sie die Älteste war. Sie fand das sehr komisch.

Die älteste Teilnehmerin war sie auch im Französischkurs gewesen. Drei Wochen in einem heruntergekommenen Schloss in der Nähe von Nizza. Wir anderen waren alle Anfang zwanzig, die meisten studierten oder hatten gerade das Abitur hinter sich, alles deutsche Mädchen, ein paar wenige Jungen. Sie fiel mir gleich am ersten Abend auf. Eine aparte Frau um die dreißig. Damals schien mir das ziemlich alt. Sie schaute spöttisch auf uns.

Drei Tage betrachtete ich sie immer wieder aus der Ferne. Wir waren nicht in der gleichen Gruppe. Sie sprach viel besser, ich würde es nie richtig lernen. Wir hatten beide ein Einzelzimmer gebucht. Ich ertrug es schon damals nicht, mit fremden Menschen das Zimmer zu teilen, hatte mir den Zuschlag von der Großmutter erbettelt. Der Kurs war teuer trotz der primitiven Unterkunft – nachts war es eiskalt, die Heizung funktionierte nicht richtig, das Wasser wurde höchstens lauwarm, durch die einfach verglasten Fenster zog es, in den langen Gängen stand der Wintermuff. Vom im Prospekt angepriesenen südfranzösischen Frühling in diesen Märztagen keine Spur.

Am vierten Abend sprach ich sie endlich an. Wir saßen am Kamin, dicht zusammengedrängt, um wenigstens ein bisschen Wärme abzubekommen. Wir redeten über den jungen, gutaussehenden Lehrer, der mit allen flirtete, der der einzige war, der mit Elan an die Sache, also an unser Radebrechen heranging, über die unnahbare Institutsleiterin, die müde Lehrerin für Grammatik Level II. Lauter Gestrandete, die sich mit Ferienschülern

herumschlugen. Wir erzählten uns, wo wir herka-
men, was wir vorhatten, welcher Studienplatz uns
wo erwartete oder warum wir unbedingt die Universität wechseln oder nun doch eine Banklehre
beginnen würden. Ein Mädchen wollte im Herbst
heiraten und mit ihrem Mediziner-Mann nach
Togo gehen. Deswegen müsse sie ihr Französisch
aufbessern. Sie war 21 wie ich und schien mir ein
Wesen vom andern Stern. Ehe, die eigenen Pläne
denen des Mannes unterordnen. Dass es das noch
gab. Sie hieß Anna von Rauchwitz und konnte
schon die Namen ihrer geplanten vier Kinder auf-
sagen. Seltsam. Ich saß daneben und sagte wenig.
Die Sprache wollte ich allein der Lektüremög-
lichkeit wegen verbessern. Ich studierte im dritten
Semester Komparatistik und Geschichte, kam mir
in dieser Runde so überlegen vor, wie ich mich im
letzten Seminar unterlegen gefühlt hatte. Keine
Ahnung von Lacan, Roland Barthes sollte man
im Original lesen, Foucault wurde vorausgesetzt.
Hier kannte niemand diese französischen Heroen
der aktuellen Geistesgeschichte und ich konnte –
wie ich es damals am liebsten tat – ein wenig über-

heblich in die unbedarfte Runde schauen. Eine zu-
künftige Ehefrau, vier Lehramtsstudentinnen, zwei
Touristikkauffrauen, zwei Freundinnen wussten
noch nicht, was sie machen würden, eine wollte
Jura studieren, aber erst mal als Au-pair nach
Kanada. An die Pläne und Wünsche der Jungen
kann ich mich nicht erinnern. Wahrscheinlich
waren sie im kalten Nebenzimmer und spielten
Poolbillard. Das einzige Unterhaltungsprogramm,
das das Schloss zu bieten hatte. Auf die Frage, was
ich denn machte, nannte ich meine Studienfächer.
Und was fängt man später damit an? Keine Ahnung. Mal sehen. Wird sich finden. Ich gab mich
sehr souverän in diesem Kreis überschaubarer
Jungmädchenträume. Mein Freund war Fotograf,
neun Jahre älter als ich und mit mir im vergange-
nen Jahr in Indien gewesen. Allein das unterschied
mich doch von diesen unbedarften Anfangzwan-
zigerinnen. Ich hatte Gruppensex gehabt, also fast
Gruppensex. Wir hatten zu viert im Bett gelegen,
uns gestreichelt und geküsst. Wir hatten indisches
Bier getrunken. Bevor es zu mehr kam, hatte mein
Freund die Sache beendet. ›Sie ist dafür zu jung‹,

verkündete er dem beteiligten Paar, das so alt war
wie er. Wir hatten sie am Baga Beach kennengelernt. Sie hieß Gunda und war blond und schön.
Den Namen ihres Freundes habe ich vergessen,
aber ich fand das abrupte Ende damals unmöglich, schließlich war ich alt genug für alles andere.
Über Gruppensex wusste ich Bescheid. Mein
Politiklehrer war in Poona im Ashram gewesen
und hatte Andeutungen gemacht. Wenn man ihn
nach Baghwan fragte, holte er weit aus und endete
bei der göttlichen, der gottgegebenen Sexualität,
die der Meister lehrte. Mit Gunda lag ich später
nachts am Strand, sie fragte nach meinem Leben,
der Liebe zum Fotografen. Sie streichelte mich, es
machte ihr Spaß, mich zu verwirren.

Den Kreis der jungen Französischschülerinnen
konnte ich verwirren mit einer Selbstsicherheit, die
mehr gespielt als gefühlt war. Nur sie schien un-
beeindruckt: Annemarie saß abseits, sie trug einen
dicken Pullover, suchte nicht die Wärme des Ka-
minfeuers und hatte ein Buch im Schoß. Aus dem
schaute sie auf und mir direkt in die Augen. Sie
schien wirklich selbstsicher und lächelte. Ich är-

gerte mich über die Souveränität der älteren Frau, wollte sie mir die Schau stehlen, den Platz streitig machen? Aber da war sie schon wieder in ihre Lektüre vertieft, blickte in unsere Runde nur noch ab und zu – und aus weiter Ferne. Ich wollte, dass sie mich anschaute, mit mir redete. Ich wollte wissen, wer sie war. Wer sie wirklich war. Bevor sie ins Bett ging, uns mit einer tiefen Stimme, in der der rheinländische Tonfall hörbar war, eine gute Nacht wünschte, fragte ich »Und du? Was machst du im Leben?« »Nix Großes, ich verdiene mir mein Leben als Sekretärin.« Was hieß das denn?

Am nächsten Abend setzte ich mich neben sie, stellte viele Fragen, schaute sie an und ließ ihren Blick nicht los. Annemarie also. Der Name vielleicht ein wenig zu mädchenhaft für ihre herbe Schönheit. Ich kannte Annemarie Düringer. Erzählte ihr von einem alten Film, den ich gerade gesehen hatte. Wie eindrucksvoll die Schauspielerin mir in einer kleinen Rolle im Gedächtnis geblieben war. Sprechsüchtig hatte da eine versteckte Jüdin einen Kohlenträger zutraulich willkommen geheißen und nur ein Zufall hatte sie davor bewahrt, sein

Opfer zu werden. Wann immer ich später Annemarie Düringer sah, wunderbar als gedemütigte
Ehefrau in Zadeks »Baumeister Solneß« oder kühl
und berechnend als Ärztin in Fassbinders »Die
Sehnsucht der Veronika Voss«, dachte ich an die
erste Begegnung mit meiner Freundin Annemarie.
Sie hörte mir zu. Sie war Sekretärin im WDR. Sie
ging nur selten ins Theater, war nicht beseelt vom
Kino wie ich. Ich redete zu viel. Sie fand mich
interessant. Ich erzählte von den Büchern, die ich
gelesen hatte, von den Filmen, die ich mochte. Sie
erzählte mir ihr Leben. Der hübsche Lehrer hatte
sie zum Essen eingeladen. Sie stieg auf sein Moped,
ich winkte hinterher und war eifersüchtig. Aber
auf wen?

Annemaries Mutter war aus Ostpreußen geflohen, im langen Treck nach Westen hatte sie ihre
Tanten, die Mutter und den großen Bruder verloren, der Vater war vermisst und würde es bleiben. Am Ende war sie allein im Bergischen auf
einem Bauernhof untergekommen. Der Herr des
Hauses schwängerte die junge Frau, gab ihr Geld,
sie musste weg, bekam das Kind in einem katholi-

schen Krankenhaus in der Stadt. Die Wehen waren schwer, die Nonnen nicht nett zur Sünderin. Keine originelle Geschichte. Sie nannte die ungewollte Tochter nach ihrer Mutter. Annemarie. Und gab das Baby in ein Kinderheim. Was sollte sie machen. Sie kam, sooft sie konnte. Arbeitete erst in einer Fabrik, dann als Näherin in einem kleinen Modesalon. Das hatte sie gelernt. Sie fand ihre Mutter wieder, holte das Kind aus dem Heim. Eine stille Zweijährige. Ein Dreifrauenhaushalt in Köln-Ehrenfeld: Großmutter und Enkelin zu Hause, die Mutter verdiente das Geld. Beengte Verhältnisse. Als Annemarie fünf war, fuhren sie zum ersten Mal mit der Eisenbahn nach Hamburg, dorthin hatte es den Bruder der Mutter verschlagen, den Sohn, den Onkel. Seine Frau war kein Flüchtling, sie hatte rote Fingernägel und arbeitete im Büro.

Eine unauffällige Kindheit. Annemarie erzählte von sich als einem rundum braven Kind, das die Last der verlorenen Heimat auf den Schultern trug. Zu Hause, sagte die Großmutter, immer wieder und jeden Tag zehnmal, zu Hause und meinte

damit ihr Haus, ihren Garten, ihre beiden Näh-
maschinen, den Hund, die Kirche, die Nachbarn.
Die Wohnung in Köln war kein Zuhause. Und
als Annemarie älter und aufsässig wurde, als sie
von einem anderen Leben als das der Mutter und
Großmutter träumte, hieß es, das hätte es bei uns
nicht gegeben. So wäre ein Mädchen nicht rumge-
laufen, so spät nicht nach Hause gekommen. Nie
hätte sie das gemacht. Nie wäre das erlaubt worden.
Und wenn ihre Tochter, die müde und abgearbei-
tet war und nun doch noch einen Mann gefunden
hatte, mit dem sie sich traf und das eine und das
andere Wochenende verbrachte, mit den Schultern
zuckte und meinte, hör schon auf, dann ging das
Wehklagen erst richtig los. Annemarie wollte raus.
Weg von den beiden Frauen, die grau aussahen.
Die eine, die immer nur an ihr herummäkelte, die
andere, die sich nicht für sie interessierte, nie, sagte
sie, nie hat meine Mutter mich richtig geliebt, aber
kann man es ihr verdenken? Vielleicht wäre aus ihr
was geworden. Sie hatte Talent, wurde im Mode-
atelier Beier aber bis zum Schluss nicht wirklich
anerkannt, nur ausgebeutet.

Annemarie verließ die Schule nach der mittleren Reife. Sie träumte vom Weggehen, wollte nach Amerika, nach Kanada, nach Italien oder Frankreich. Sie hatte kein Geld, konnte nicht ausziehen, nicht in die Welt, machte stattdessen erst einmal – und zur Sicherheit – eine Lehre zur Bürokauffrau in einem kleinen Betrieb, der Leuchtkörper vertrieb. Lampen aller Art. Gernot Schwartz war vier Jahre älter als sie und in der Versandabteilung. Er war da schon jemand und würde es weit bringen. Das sagten alle. Sie beendete ihre Lehre, zog endlich zu Hause aus und mit Gernot zusammen, Hochzeit, das erste Kind mit 21: Sophia. Zwei Jahre später suchte er den Namen aus: Magda nach seiner Patentante. Sie wohnten in Köln-Nippes und wollten bald ins Grüne ziehen. Wegen der Kinder. Ihre Großmutter starb, die Mutter heiratete endlich. Die Kinder waren eine Freude. Waren sie das?

An einem Sommerabend – kurz nach Magdas zweitem Geburtstag – planten sie die Ferien gemeinsam mit einem befreundeten Paar. Spiegelbildliche Lage. Elsa blieb zu Hause, Wolf verdiente das Geld, ihr Junge war anderthalb, das Mädchen ging mit Sophia in den Kindergarten. Die Männer beugten sich über Kataloge und Karten. Annemarie und Elsa saßen im Kinderzimmer und schauten dem Gewusel zu. Magda hielt sich abseits, suchte den Blick ihrer Mutter, gleich würde sie anfangen zu weinen, die beiden großen Mädchen spielten mit ihren Puppen, der Kleine krabbelte herum. Annemarie schaute auf die Kinder, auf Elsa. »Wolltest du das, was du hier siehst«, fragte sie die Freundin, wobei die ja eigentlich nur die Mutter der Freundin ihrer Tochter war, aber es hatte sich so ergeben, dass sie in letzter Zeit viel gemeinsam unternahmen, doch, ja, sie waren Freundinnen geworden. »Was meinst du? Die Kinder? Den Haushalt? Ja, ich glaube schon. Ich wollte nie einen Beruf, keine selbstständige Frau werden, wenn du das meinst. Alles in Ordnung so. Und morgen sind sie sowieso groß. Du wirst sehen, das geht rasend schnell.« »Und wir? Wir werden genauso rasend schnell alt.« Und dann fragte Annemarie noch ein paar Intimitäten, wie man sie nur unter Frauen fragt. Es ging um Sex und

Leidenschaft und ob Elsa manchmal auch eroti-
sche Träume habe. »Heftige, ich meine, in meinen
Träumen erkenne ich mich manchmal gar nicht
wieder«, sagte Annemarie, die nicht wusste, ob Elsa
eine Ahnung hatte, wovon sie sprach, »und Gernot
kommt dabei nie vor.« »Ach, ich bin mit Wolf im
Schlafzimmer ganz zufrieden«, lachte Elsa und da
wusste Annemarie, dass die Freundin nichts, wirklich nichts verstand. Und sie beneidete sie. Magda
schrie, weil ihre Mutter und überhaupt niemand sie
beachtete, und Annemarie dachte, was soll das nur
werden mit dir, wenn du nicht lernst, dass nicht
alle Augen immer auf dich gerichtet sind. Aber
da kam schon ihr Mann, der seine Prinzessin hatte
weinen hören, und schaute vorwurfsvoll. Magda
war sein Liebling.

Sie fuhren nach Holland an die See, mieteten
zwei nebeneinanderliegende Ferienbungalows. Die
Kinder wurden braun und waren am Abend
müde. Die beiden Mädchen hatten durchgesetzt,
in einem Zimmer schlafen zu dürfen, abwech-
selnd da und dort. Die Erwachsenen wechselten
sich ab mit dem Burgenbauen. Auf die beiden

Kleinen musste immer einer achten. Und auf die Mädchen mit den Schwimmflügeln auch. Obwohl die schon ihr Seepferdchen gemacht hatten. Abends wurde gekocht, die Kinder schliefen, das Babyphone machte keinen Mucks, Canasta und Rotwein, Rommé, Wolf mixte die allerbesten Sommercocktails. Und als Annemarie von ihren Jungmädchenträumen erzählte, von Amerika und Kanada und Frankreich, lachte er nicht, wie Gernot das immer freundlich tat. Annemarie dachte, der weiß, wovon ich rede. Sie schliefen zum ersten Mal miteinander, als Gernot und Elsa mit den Mädchen im Tierpark waren. Annemarie wollte nicht mit, und dann hatte der Kleine den ganzen Vormittag herumgequengelt, und als er endlich schlief, sagte Wolf, er bliebe bei seinem Sohn zu Hause. Er müsse sowieso ein paar Unterlagen durchsehen, sei bis jetzt nicht dazu gekommen. Die anderen sollten nur fahren und sich vergnügen. Annemarie wollte endlich einmal alleine an den Strand. Und landete auf dem Sofa des nachbarlichen Ferienbungalows. War es das, wovon sie geträumt hatte? Ja. Nach sechs Jahren Ehe, nach zwei Kindern, vielen durchwachten Nächten, viel Müdigkeit, wenig Begehren, war das hier wirklich aufregend. Wolf schaute sie an, ließ sich Zeit, er strich über ihren Körper, der sommerwarm und meeresfrisch roch. Sie war schön. Sie war 25. Die Kinder hatten an ihrem Körper nicht viele Spuren hinterlassen. Bevor sie nicht mehr wusste, wo ihre Beine aufhörten und seine anfingen, dachte sie, das ist der Vorteil, wenn man jung Mutter wird, die Brüste bleiben fest. Das Kind schlief nebenan und sein Vater, der nach Leidenschaft und Sex ausgehungert schien wie Annemarie, hörte erst auf, sich in ihr zu bewegen – immer noch einmal und immer fester in ihr, so als wolle er sie im Tiefsten erreichen und berühren –, als der Kleine sich ziemlich lauthals bemerkbar machte. Sie hatten seine ersten Rufe nicht gehört. Und wenn die anderen zurückgekommen wären, wenn sie plötzlich im Zimmer gestanden hätten? Die Mädchen vorausgelaufen und erschrocken vor den schwitzenden, ineinander verfangenen Körper gestanden hätten? Annemarie zog ihren Bikini an und das Strandkleid, das sie sich extra für diese Ferien gekauft hatte, und lief mit bis an den Hals schlagendem Herzen ins Meer.

Als sie mir in Castelnaudary, in dem Sprachlernschloss, von diesem Tag erzählte – wir redeten inzwischen in jeder freien Minute miteinander, hatten uns abgesondert, sie fuhr auch nicht mehr mit dem Lehrer Moped –, war das Staunen, das unbedingte Wollen, das diesen Sex umgeben hatte, immer noch spürbar. »Er war ein wirklich guter Liebhaber, er genoss meinen Genuss, wenn du weißt, was ich meine. Das gibt es bei Männern nicht oft.« Sie hatten Sex in der Küche und am Strand, im Bade und einmal im Kinderzimmer neben seinem schlafenden Sohn. Gestohlene Augenblicke. Annemarie glühte. Wenn sie zu viert Karten spielten, ließ sie eine Karte fallen und bückte sich, um beim Aufheben kurz sein Geschlecht zu berühren, dieses fremde Teil an dem fremden Mann, das sie so gerne hatte. Beim Strandpicknick am letzten Abend suchten sie gemeinsam in der Dämmerung Holz fürs Lagerfeuer. Er griff nach ihren Brüsten. Sie zog ihren Slip aus und setzte sich breitbeinig mit hochgezogenem Rock vor ihn hin. Sie traute sich, was sie sich mit ihrem Mann nie getraut hatte. Nur einen Moment, sagte sie, schau hin. Und das tat er. Gernot und Elsa bekamen nichts mit vom Wahnsinn ihrer Nächsten. Nach den Ferien sollte ja auch alles zu Ende sein. Das hatten sie sich geschworen. Sie mochte Elsa, Gernot war sein Kumpel. Und die Kinder. Und die Pläne. Und das Versprechen, das sie gegeben hatten. Beide in der Kirche. Das wirft man nicht einfach weg. Elsa und Wolf hatten ein Grundstück im Bergischen gekauft. Drei Wochen nach Ferienende sahen sie sich zum ersten Mal wieder, Sonntagnachmittag, Fotos sollten angeschaut, Erinnerungen wachgehalten werden. Beim Abschied schüttelte er den Kopf. Sollte das nun heißen, ich kann nicht mit dir oder ich kann nicht ohne dich. Annemarie rief ihn auf seiner Arbeitsstelle an, er war Vermessungsingenieur. »Entschuldige bitte, aber: Was hast du gemeint, als du den Kopf geschüttelt hast, das wollte ich nur wissen.« Er kam in der Mittagspause zu ihr, Sophia war im Kindergarten, Magda schlief. Und sie erlebte sie wieder, die schönste Wollust mit dem Vater der besten Freundin ihrer Tochter – auf

dem Wohnzimmerteppich. »Das war geschmack‚
los, aber es ging nicht anders, und es war auch nur
dieses eine Mal. Danach haben wir uns immer in
einem kleinen Hotel am Bahnhof getroffen. Es
war aufregend und unvergleichlich und ich fühlte
mich so lebendig wie nie. Es war schwierig, immer
neue Ausreden zu erfinden. Aber das Verrückte
war, das weder mein Mann noch seine Frau Ver‚
dacht schöpften. Sie bekamen nichts mit von den
roten Flecken, den strahlenden Augen, wunderten
sich nicht, fragten nichts. Das liest man doch im‚
mer anders.« Drei Monate später zog Annemarie
aus und Wolf auch. Beide ließen sie ihre Kinder
zurück. Bei ihm war das selbstverständlich, die
Kinder gehörten zur Mutter. Aber bei ihr? Ger‚
not hatte getobt und geheult, gebrüllt und gedroht.
Von dem Lärm war Magda aufgewacht, Sophia
schlief immer wie ein Stein. Gernot hatte sie auf
den Arm genommen und getröstet, ihr Papa sei bei
ihr, sie brauche keine Angst haben, er werde im‚
mer bleiben, »aber siehst du«, damit drehte er das
Kind in Richtung Annemarie, »siehst du die da,
siehst du deine Mutter, die verlässt dich, die Hure

verrät ihre Kinder, damit sie den großen Schwanz von Wolf lutschen kann.« Annemarie wollte ihm das weinende Kind entreißen, aber er wehrte sie grob ab und schrie: »Fass nicht meine Kinder an, verschwinde, aber fass sie nicht an, nie wieder. Die Kinder bleiben hier. Aber du, du hau ab. Ich will dich nie, nie wiedersehen. Du betrittst dieses Haus nie wieder. Hast du gehört? Nie wieder.« Das tat sie auch wirklich nicht mehr. Wenn sie ihre Töchter später fürs Wochenende abholte, wartete sie draußen. Gernot ließ sich nie blicken. Alles Nötige wurde schriftlich abgemacht, später, Jahre später erledigte das seine neue Ehefrau, die auch mit Annemarie telefonierte. Wenn Gernot nicht da war.

Sie zog mit Wolf und ihrem und seinem schlechten Gewissen in eine Zweizimmerwohnung. Sie fand einen Job als Sekretärin in der Sportredaktion des WDR. Sie zog nach einem halben Jahr wieder aus, er nach einer kurzen Besinnungsfrist wieder zu Hause ein. Elsa nahm ihn zurück. Wir dachten, es sei eine große Liebe, sagte sie, aber es war nur großartiger Sex, der in der kleinen Wohnung immer kleiner wurde. Dafür wuchs sein schlechtes Gewissen, an dem ich schuld war. An dem ich schuld sein musste, denn er war doch kein rücksichtsloser Typ, kein gedankenloser Hallodri, der eine Frau mit zwei kleinen Kindern sitzenlässt. Ich weiß nicht, antwortete sie auf meine Frage, was er inzwischen macht. Ich habe nichts mehr von ihm gehört. Ist auch besser so. Wahrscheinlich wohnen sie inzwischen im Haus mit Garten. Ich könnte Sophia fragen, ob sie noch mit Melanie befreundet ist. Aber wozu?

Annemarie hatte also zwei Töchter. Und sie hatte sie verlassen. Eine unglaubliche Geschichte. Männer, die auf und davon gehen, waren nicht ungewöhnlich, aber eine Frau, die ihre beiden kleinen Töchter zurücklässt für eine neue Liebe. Am nächsten Morgen, vor der ersten Französischstunde – Madame und Monsieur Dupont vont à la plage avec les deux enfants –, wartete sie auf mich. »Ich habe gestern ›nur‹ gesagt, es war ›nur großartiger Sex‹, ›nur‹ ist natürlich Quatsch.«

Es gab viele Verletzte: Annemaries Mann, der ja kein schlechter Mann gewesen war, die beiden Töchter, Sophia vor allem, die die Trennung schon verstand, lange um ihre Mutter weinte, bevor sie sich die Härte des Vaters zu eigen machte, Elsa, die eine Freundin gewesen war, ihre Tochter, das Baby. Annemaries Schwiegermutter, die nie wieder ein Wort mit ihr sprechen würde. Nur ihre eigene Mutter war auf eine merkwürdige Weise verständnisvoll. Sie machte ihr keine Vorwürfe, telefonierte in der ersten Zeit nach der Trennung mit Gernot, um die Enkeltöchter in den Zoo auszuführen. Sie musste versprechen, dass sie bei diesen Gelegenheiten Annemarie von den Kindern fernhielt. »Keine Begegnungen. Sonst kriegst du die Kinder auch nicht mehr.« Dass er das nicht durchhalten könne, dass Annemarie ein Recht darauf habe, ihre Töchter zu sehen, versuchte sie ihm immer und immer wieder klarzumachen. Er war blind und taub in seiner Wut und seiner Verletzheit. »Das werden wir sehen. Soll der Richter entscheiden. Bis dahin sieht sie sie nicht. Schluss. Und Ende der Diskussion. Das sind die Regeln.« »Meinst du nicht, die Kinder haben ein Recht darauf, ihre Mutter zu sehen? Wäre es nicht gut für sie?« »Diese Mutter? Nein.«

Natürlich ging das so nicht. Annemaries Anwalt setzte das Umgangsrecht durch. Die Stunden mit den Kindern waren nicht froh. Die Kleine quengelte und wollte zum Papa, Sophia war erstarrt, sie fragte nichts, reagierte auf die Erklärungen ihrer Mutter mit Unwillen. Als sähe sie sie mit den Augen des Vaters. Als erkenne sie in ihr allein die Verursacherin seines Schmerzes. Ihre Freundin, Wolfs Tochter, spielte nicht mehr mit ihr. »Deine Mutter hat meinen Vater geklaut. Sie ist schuld, dass Mama immer geweint hat. Dabei ist meine Mama viel besser als deine.« Annemarie war liebevoll und geduldig. Sie sagte: »Manchmal ist das so, dass Erwachsene sich nicht mehr lieben. Dass Eltern sich trennen, aber nie hören sie auf ihre Kinder zu lieben. Ich werde euch immer lieb haben, wir werden immer zusammen spielen und tolle Sachen machen.« Nur einmal, als sie mit der stillen Sophia ein Puzzle legte, während die Kleine schlief, schmiss das Kind alle Teile durcheinander und schrie: »Warum liebst du denn jetzt Melanies Vater? Warum den? Ich hasse dich.« Und dann stampfte sie mit den Füßen und schrie und schrie und ließ sich nicht beruhigen. Magda wurde wach und brüllte auch. Und beide wollten nach Hause, nur nach Hause zu ihrem Papa. Drei Tage später bekam Annemarie einen Brief vom Anwalt ihres Mannes. Die emotionale Belastung sei den Kindern nicht zuzumuten. Auf mehrmaliges, durchaus feinfühliges Befragen hätte die ältere der beiden Schwestern glaubhaft versichert, sie wolle »da« nicht mehr hin.

Was sollte sie tun? Kämpfen? Gegen den Mann, der ihr nichts getan, den sie verlassen hatte. Um die Kinder, die hin und her gerissen wurden zwischen seinem Hass und ihren Schuldgefühlen. Annemarie tobte und litt. Wolf hatte genug mit seiner Lage, seinem schlechten Gewissen, den Tränen seiner Frau und den Bitten seiner kleinen Tochter zu tun: »Papa, komm doch wieder nach Hause. Mama ist doch viel schöner als Sophias Mutter. Das sagen alle.« Am Ende – es war noch nicht das Ende mit Wolf, aber das würde nicht mehr lange auf sich warten lassen – gab sie auf. Sie erklärte sich einverstanden damit, ihre Kinder bis zum Scheidungstermin nicht zu sehen. Das würde dauern. Mindestens ein Jahr. Es galt das Schuldprinzip.

Und sie war schuld. Das Familiengericht würde zugunsten ihres Mannes entscheiden. Er hatte Mutter und Schwester, die ihn unterstützten. Sie war nun eine berufstätige Frau. Die Kinder wurden einer Psychologin vorgeführt, sie liebten ihr Heim, ihren Vater. Sie hatte das Haus verlassen, sie war die Ehebrecherin. Sie hatte gleich zwei Familien zerstört. Annemaries Anwalt übte keine Nachsicht mit seiner verzweifelten Mandantin. Er war auf ihrer Seite, sie bezahlte ihn, hatte sich von ihrer Mutter dafür Geld leihen müssen, aber er war realistisch. Eine Mutter, die ihre kleinen Kinder verlässt und mit dem Vater der besten Freundin ihrer Tochter durchbrennt: »Damit sehen wir vor Gericht nicht gut aus.« »Durchbrennt. Was ist das für ein Wort. Ich bin nicht verschwunden, wohne in der gleichen Stadt, würde mir auch eine größere Wohnung suchen.« »Sie leben mit dem Mann zusammen. Richtig? Richtig.« Er empfahl einen Handel. Annemarie lag drei Nächte wach, erwog und weinte und quälte sich und ließ sich schließlich darauf ein. »Das wird für alle das Beste sein. Für alle anderen jedenfalls. Für mich nicht.

Für die Kinder. Ich muss an die Kinder denken.«
Sie würde ohne Kampf auf die Erziehungsberech-
tigung verzichten, mit allem einverstanden sein,
wenn ihr Gernot im Gegenzug und ohne Streit
ein regelmäßiges Umgangsrecht einräumte. Alle
14 Tage ein Wochenende. Die Anwälte handel-
ten das untereinander aus. Am Ende war es ein
Wochenende im Monat. Einmal im Jahr 14 Tage
Ferien. Sie würde alle Schuld auf sich nehmen.
Natürlich. Was sonst. Am Tag des Scheidungster-
mins lebte sie schon alleine. Wolf war zu Frau und
Kindern zurückgekehrt. Sie war in eine billigere
Wohnung am Stadtrand gezogen. Vielleicht wären ihre Chancen vor Gericht jetzt besser gewesen.
Das kann man nicht wissen, meinte der Anwalt,
und dass sie so doch gut rausgekommen wäre. Natürlich musste sie Unterhalt für ihre Töchter zah-
len. Das war gerecht.

Wir saßen auf der Bank vor dem heruntergekommenen Schloss, das nur von Ferne Ähnlich-
keiten mit dem Foto aus dem Katalog aufwies. Ihr
Blick wurde kalt, als ich die Frage stellte, die ihr
in den letzten sechs Jahren wohl oft gestellt wor-

den war. Ich war nicht originell. »Hast du es nie bereut? Ich meine, die Liebe zu dem anderen ging doch so schnell vorbei.« »Du willst wissen, ob ich bereue? Nein. Es war die richtige Entscheidung. Um den Mann ging es am Ende gar nicht. Glaube ich. Ich musste weg.« Auf meine dumme Frage – »Vermisst du deine Kinder nicht?« – antwortete sie unwirsch, ihr Lächeln schien eingefroren, sie stand auf und ließ mich in der seltenen Märzsonne sitzen: »Natürlich vermisse ich sie. Jeden Tag. Was glaubst du denn. Aber es war richtig. Auch für sie.«

Die Kinder kamen einmal im Monat zu ihr. Lange blieb es schwer. Sophia vor allem fremdelte. Sie kommentierte und kritisierte: »Deine Wohnung ist aber klein, wo sollen wir denn spielen?« Und Magda plapperte ihrer Schwester nach: »Wo sollen wir denn schlafen?« »Papa hat gesagt, wenn es uns nicht gefällt, müssen wir nicht bei dir übernachten. Wir müssen nur anrufen, er holt uns ratzfatz ab.« Und Magda stimmte zu: »Ratzfatz. Hat er gesagt. Ratzfatz. Können wir Papa anrufen?« Annemarie zwang sich zur Geduld: »Ja. Später.«

Sie holte das bunte Krepp-Papier und die Eierfarben heraus. »Bald ist Ostern. Wir pusten die Eier aus und malen sie an und basteln ein Nest. Das bringt ihr morgen Abend dem Papa mit. Dann freut er sich.« Kein böses Wort über ihren Exmann. Das hatte sie sich geschworen. Sie wusste, dass er es anders hielt. Magda war leicht zu begeistern. Um Sophia musste sie jedes Mal neu ringen. Sie ließ sich lange nicht besänftigen. Mitten in einem Spiel bekam sie einen Wutanfall, brüllte dann: »Ich will nach Hause, hier ist nicht mein Zuhause, hier schlafe ich nicht.« Einmal hatte sie die Kinder am Samstagabend tatsächlich nach Hause gefahren. Sie konnte nicht mehr, gab klein bei, rief Gernot an, sie würde jetzt kommen, sei dieses Mal besser so. Er sagte nur: »Gut. Ich bin da.« Und legte den Hörer auf. In diesem »ich bin da« hörte sie alles, was er ihr vorwarf, denn »ich bin da«, das hieß ja, im Gegensatz zu dir bin ich geblieben und auf mich kann man sich verlassen, was das Wichtigste für Kinder ist, auf dich können sie dagegen nicht bauen und habe ich es dir nicht gesagt, die Kinder gehören zu mir, nicht zu dir ... Aber beim nächsten Mal lief alles besser. Die Sonne schien, sie ging mit den Mädchen erst in den Zoo und dann Eis essen und am Abend sahen sie gemeinsam einen Märchenfilm, den sie in der Videothek ausliehen, in dem Annemarie nun Stammkundin war. »Ich bin der typische Wochenendvater, nur weiblich«, dachte sie. Und wenn ihr später die neue Frau ihres geschiedenen Mannes genau das immer wieder vorwarf, dass die Tage bei ihr für die Kinder immer die Honigbrote seien, sie aber die Graubrot-Stiefmutter spielen müsse, dann hatte sie recht, aber genau diese Rolle hatte Gernot ihr schließlich aufgezwungen. Zu Sophias Einschulungsfeier durfte sie nicht kommen. Aber da tröstete ihre Tochter sie schon: »Das macht doch nichts. Wir feiern nach. Ist doch viel besser. Habe ich es zweimal schön.« Sie war ein frühreifes, ernstes und zurückhaltendes Kind. Im Gegensatz zur lustigen Magda, die auf alle Menschen zuging. Das Besuchsleben spielte sich ein. Den Alltag teilten sie mit dem Vater und seiner neuen Frau und bald auch mit einem neuen Baby. Mit der Mutter war alles besonders.

Annemaries Zweizimmerwohnung am Stadtrand war eng. Die Spielecke der Kinder wurde jedes Mal neu aufgebaut, das kleine Sofa ausgezogen. Sie musste mit dem Geld haushalten. Den Kredit an die Mutter abzahlen, den Unterhalt für die Kinder, sie hatte sich einen alten R4 gekauft, wie sollte sie sonst die Töchter abholen und zurückbringen am Sonntagabend. Sie tippte Examensarbeiten und Manuskripte ab, um ihr Gehalt aufzubessern. In der Redaktion arbeitete sie gerne und war gerne gesehen. Sie verstand sich mit den Redakteuren, bewarb sich bald auf eine besser dotierte Stelle in der Musikredaktion, bekam sie auch. Und zog dann auch wieder in die Stadt, eine Redakteurin ging nach Frankfurt. Ihre Wohnung in Nippes konnte sie übernehmen – und bezahlen. Sie hatte eine kurze Affäre mit einem freien Mitarbeiter.

Der Französisch-Sprachkurs war ihr erster Urlaub ohne Kinder. In den letzten Jahren war sie stets zwei Wochen mit ihnen verreist, in den Bayerischen Wald, an die Ostsee, in die Lüneburger Heide, im letzten Jahr nach Bulgarien ans Meer. Eine günstige Pauschalreise. Mehr als diese zwei

Wochen waren nicht drin. Aber im letzten Herbst hatte sie drei Doktorarbeiten abgetippt, das Geld gespart. Und Gernot hatte ihr nach Weihnachten (Sophia und Magda durften den zweiten Feiertag mit ihr verbringen) mitteilen lassen, die Sommerferien seien in diesem Jahr vollständig der Familie vorbehalten. Sie könne mit den Töchtern dann im Herbst verreisen. »Er fragt nicht, ob ich damit einverstanden bin, ob ich vielleicht schon geplant oder gebucht habe. Er ordnet an. Ich hab seinen Maßgaben zu folgen. Wenn mir das nicht passt, sagte seine Frau zu mir am Telefon, dann führe sie mit den beiden in den Herbstferien zu ihren Eltern aufs Land. Was soll ich machen? Sie haben die Trümpfe in der Hand, ich muss die Nieten ziehen. Wenn ich mit ihnen streite, hat Magda nächstes Mal einen heftigen Schnupfen oder sie müssen gerade an meinem Wochenende zu einer Familienfeier oder Sophia muss für ein Diktat lernen, was sie auch bei mir könnte, aber dann heißt es ›bei dir hat sie doch keine Ruhe‹. Ich kenne das. Also vermeide ich jeden Streit und füge mich. Jedenfalls bin ich deswegen hier. Und mache diesen Sprachkurs inmitten von euch jungen Hühnern. Angebote für meine Altersklasse konnte ich mir nicht leisten.«

An den Unterricht kann ich mich nicht mehr erinnern, viel gelernt habe ich nicht oder alles wieder vergessen. Annemarie war ehrgeizig, sie wollte das Geld nicht umsonst ausgegeben haben. Im Ort setzten wir uns ins Bistro und sie plauderte mit der Kellnerin, am Bahnhof stellte sie grammatikalisch korrekte lange Fragen nach Verbindungen und Preisen. Wir fuhren dann mit dem Bus nach Carcassonne, gingen in die Basilika St-Nazaire und St-Celse, bewunderten dort die alten Fenster und in der Kathedrale Saint-Michel reckten wir den Hals, um die im Reiseführer angepriesenen Tierdarstellungen zu erkennen. Wir liefen ausgelassen über die Brücke Pont Vieux. Ich kam mir sehr erwachsen vor und meine neue Freundin fühlte sich an meiner Seite so jung, wie sie es nie sein durfte. Ich erzählte von meinem Freund, der mich betrogen hatte, als er eine Werbekampagne für eine Düngefirma fotografierte. Ein hübsches Fotomodell sollte die Tüten anpreisen, leicht bekleidet. Wo denn der Zusammenhang zwischen

einer hübschen jungen Blondine und Düngemit-
tel läge, hatte ich meinen Freund gefragt. »Das ist
halt so. Eyecatcher. Männer geben die Bestellungen
auf, deren Aufmerksamkeit muss man gewinnen.
Und das geht am allerbesten mit Busen und Beinen. Gefällt dir nicht, mir vielleicht auch nicht.
Ist aber so.« »Und so einen Mist machst du? Du
könntest ablehnen oder einen anderen Vorschlag
machen.« »Ja, klar, ich könnte auch Wasser zu
Wein machen. Schätzchen, deinen Jungmädchen-
feminismus in allen Ehren, aber so läuft das nicht.«
»Doch, genau so läuft das bei Typen wie dir. Reden
tut nicht weh, handeln verdirbt das Geschäft.« Es
war ein heftiger Streit ums Grundsätzliche gewesen, ich nannte ihn Sexist, er mich naive Emanze,
die vom wirklichen Leben keine Ahnung habe.
Und weil die Arbeit mit der großbusigen Blondine dann so schön und kreativ wurde, hatte er sie
nicht nur zum Essen dabehalten. Ausgerechnet an
dem Abend kam ich vorbei und wollte mich ver-
söhnen. Seinen Schlüssel knallte ich auf den Tisch
und brüllte »Eyecatcher: Busen und Beine. Prima
Business für dich.« Danach war ich nicht mehr ans

Telefon gegangen. Er schickte eine selbstgemachte Karte, auf die in großen roten Buchstaben »sorry« gedruckt war und handschriftlich in kleinen Buchstaben geschrieben: »Es tut mir wirklich sehr leid, wollte dich nicht verletzen, manchmal passieren so blöde Sachen, hat aber nichts mit uns zu tun.« Ich hatte zurückgeschrieben: »Doch, hat es«, und war in den Zug nach Paris gestiegen, ohne ihn zu sehen, ohne Versöhnung. Blöder Affe. Annemarie gab mir Recht und meinte, die Sache würde sich klären – nach meiner Rückkehr. Entweder hätte er gelitten und würde sich buchstäblich auf den Kopf stellen, um mich zurückzugewinnen, oder es wäre nicht schade um ihn. In Wahrheit dachte ich gar nicht mehr an ihn. Der Mann war mir egal, ich weinte ihm keine Träne nach. Ich war verliebt in Annemarie.

Die beiden Sprachferien-Wochen gingen zu Ende. Wir beschlossen, unsere Zeit zu verlängern. Sie wollte noch ein paar Tage in Paris bleiben, hatte die Schlüssel einer kleinen Wohnung im Marais von einem WDR-Redakteur bekommen. Da würde auch für mich Platz sein. Meine

Semesterferien waren nicht zu Ende, meine Fahr-
karte konnte ich umbuchen. Wir freuten uns auf
unsere fünf Pariser Tage. Ich rief meine Eltern an
und in meiner Wohngemeinschaft. Den Fotogra-
fen-Freund nicht.

Und dann waren wir in Paris, und ich schlief
erst auf dem Sofa und dann bei ihr, und alles war
aufregend und schön, ihre Haut und ihre Lippen,
unsere Körper waren einander fremd und doch
vertraut, und wir überließen uns diesem neuen Begehren. Wir lachten im Bett, wenn wir einen Augenblick nicht weiterwussten. War da nicht noch
was, müssten wir nicht einen Mangel spüren im
Liebesablauf? Waren wir nicht Männer-Frauen bis
jetzt gewesen? Nein, es fehlte uns nichts.

Wenn ich mich heute erinnere an diese fünf Pariser Tage und Nächte, dann sehe ich ihren strahlenden Blick, als wir auf den Stufen von Sacré-
Cœur saßen, und wenn ich die Augen schließe,
spüre ich auch noch nach so vielen Jahren, wie
die dünne Haut über ihrem Schlüsselbein sich an-
fühlte, über die ich mit meinen Fingern strich, wie
ihr Kuss schmeckte, der erst zart und fragend war

und dann immer sicherer und fester wurde. Wir sprachen nicht über Pläne und Hoffnungen, es ging nicht um die Zukunft. Allein um den Augenblick. Die einzige Liebe meines Lebens, die nichts forderte, die nicht vorauseilte, nicht von unauflöslicher Gemeinsamkeit träumte.

Wir kehrten beide in unser Leben zurück. Ich verließ den Fotografen nach kurzer Versöhnung endgültig, weil ich mich in einen klugen Kommilitonen verliebt hatte. Der kannte nicht nur den ganzen Foucault und las Althusser im Original, er war auch überzeugter Feminist. Das war im Bett ein wenig langweilig, hielt aber bis zum Ende unseres Studiums. Annemarie war in dieser Zeit mit einem Musikredakteur liiert. Wir besuchten uns, sie vermittelte mir ein Praktikum in ihrer Sendeanstalt, ich wohnte drei Monate bei ihr, sie kam nach Berlin, wo ich inzwischen in einer eigenen kleinen Wohnung lebte, brachte einmal die Kinder mit. Wir haben nie wieder miteinander geschlafen. Lange Jahre kein Wort über die französischen Liebestage verloren. Von der Verliebtheit waren wir in eine entschiedene Freundschaft gewechselt. Allein wenn wir uns bei der Begrüßung umarmten, ich ihren Duft roch, ihre Wange an meiner spürte, war ich einen Augenblick lang verwirrt und erinnerte mich an die Pariser Küsse. Aber das ging stets schnell vorbei.

Nach ihrer französischen Scheidung verloren wir uns ein wenig aus den Augen. Wir telefonierten zweimal im Jahr, schrieben Briefe und Urlaubspostkarten, später E-Mails. Ihre Töchter waren nun stolz auf ihre Pariser Mutter und bestimmten selbst, wann sie in den Zug stiegen, um sie zu sehen. Sie arbeitete inzwischen im Musée d'Orsay, war für die Öffentlichkeitsarbeit zuständig. Ich hatte mit meinem Mann einen gut gehenden Weinhandel aufgezogen und hangelte mich nebenbei von Lehrauftrag zu Lehrauftrag. Noch hatte ich meine Doktorarbeit über »Weibliche Rollenbilder im nouveau roman« nicht aufgegeben. Die Wiedervereinigung brachte uns neue Kunden und viel Geld ein, das Kind war zur rechten Zeit gekommen. Ich hatte viel zu tun. Mein 40. Geburtstag wurde groß gefeiert, Annemarie, die lange schon Sarah war, kam mit ihrer älteren Tochter, die bald darauf schwanger wurde und nicht heiratete. Meine Ehe ging in die Brüche, wie fast alle Ehen, die ich kannte. Wir schafften einen relativ freund‑ lichen Abgang, ich nahm meinem Mann die jün‑ gere Freundin nicht lange übel, auch nicht sein spä‑ tes neues Vaterglück. Er kümmerte sich trotzdem um unseren Sohn. Ich gab Weinseminare und war ziemlich erfolgreich mit meinem literarisch‑vino‑ logischen Programm. Aber was heißt erfolgreich, aus dem gemeinsamen Geschäft hatte mein Mann mich herausgekauft, ich hatte von dem Geld noch vor dem großen Boom in Berlin eine Wohnung ge‑ kauft, das Kind wuchs heran. Ich verliebte mich neu. In einen Messebauer, den ich auf der Anuga kennengelernt hatte. Ich rief Sarah an und erzählte ihr von meinem neuen Glück. Wir waren plötzlich wieder vertraut und nah, und als sie mich einlud zu ihrem Abschiedsfest, das sie am übernächsten Wochenende geben wollte, bevor sie in die neue Wohnung zögen, nahm ich an und buchte einen Flug.

Der Plural war mir erst später eingefallen. Sie hatte nur Andeutungen gemacht. Ich würde ihre

neue Liebe bei der Gelegenheit kennenlernen können. Ich war neugierig, mit wem die unabhängige
Freundin, die inzwischen schon drei Mal um-
gezogen war, nun gemeinsam wohnen wollte. Und
dann stellte sie mir Mireille vor. Sie hatte mir an
unserem ersten Abend gleich von ihr erzählt, und
dass sie nun endlich da angekommen sei, wohin sie
immer gewollt habe. Seit unserem Pariser Wochenende habe sie es eigentlich gewusst, aber nicht ge-
lebt. »Wir hatten wunderbare Tage damals. Unsere
folgenlose Pariser Affäre. Du warst so jung. Und
wolltest einfach alles ausprobieren. Ich dachte, ich
sei auch so. Aber das stimmte nicht.« Zum ersten
Mal sprachen wir über unsere Geschichte. Deswegen habe sie Bertrand verlassen müssen nach
diesem unschuldigen Kuss auf der Party. Sie habe
die Frau noch ein paar Mal getroffen, aber anders
als sie wollte die ihre Familie auf keinen Fall auf-
geben. Es sei auch keine große Liebe gewesen,
nur ein wenig neugierige Leidenschaft. Aber mit
Bertrand wäre auch die danach nicht mehr mög-
lich gewesen. Seitdem und trotz und neben allen
erotischen Eskapaden habe sie es gewusst – und

gewartet. Und nun sei sie da: Mireille. Die Frau, die sie liebte. Eine Kunsthistorikerin, die beim französischen Departement von Christies arbeitete. Am nächsten Vormittag kam sie zum Frühstück, eine knabenhafte Frau in meinem Alter, ein wenig streng vielleicht, freundlich radebrechten wir uns zwischen den Sprachen durch. Und Sarah goss Milchkaffee nach und strahlte, wie sie das damals manchmal in Castelnaudary getan hatte. Am Tag nach dem Fest sah ich den Umschnallpenis.

Die beiden waren und blieben ein Paar, sie zogen erst in die eine, dann in eine größere Wohnung, beide verdienten gut, schafften sich ein renovierungsbedürftiges Haus auf dem Land an, und Sarah verlegte wieder Fliesen und strich Wände und sie legte sich nach ihrer Pensionierung einen Hund zu, von dem sie mir ein Foto schickte. Vorher kam die Hochzeitsanzeige. Die beiden Frauen hatten geheiratet. Ich dachte, seltsamer Schritt für eine Frau, die sich zweimal getrennt hat, die vor Familie und Konventionen geflohen war. Aber sie erklärte mir, das sei nötig, um Mireille abzusichern, schließlich hatten sie einen Kredit aufgenommen.

Sarah sprach sachlich vom Tod und von Nachlass und ich musste lachen und sagte: »Weißt du, wie alt du bist? Und weißt du, wie hoch die Alterserwartung für uns europäische Frauen ist? Du hast also wirklich noch Zeit.« Zwei Jahre später war sie tot, ein blöder Autounfall auf der Landstraße, sie war allein unterwegs zu ihrem Haus, ein allzu Eiliger überholte auf der anderen Fahrbahn. Totalschaden, zwei Tote, zwei schwer Verletzte. Sie wurde in Paris begraben. Ich konnte nicht zur Beerdigung. Es ging einfach nicht. Ich hatte ein Seminar zu geben, ich konnte den Termin nicht verschieben. Ich konnte einfach nicht.

Das letzte Mal hatten wir uns im Jahr zuvor gesehen, ich war in Paris mit einem Kunden verabredet, der Weinreisen organisierte und mit mir das Begleitprogramm besprechen wollte. Am Abend traf ich Sarah. Sie machte mir Komplimente. Ich fand, sie sah aus wie immer, nur ein wenig älter. Wir beide waren älter geworden. Wir lachten viel und redeten und ich erzählte ihr wie damals, welche Filme ich gerade gesehen, welche Bücher ich gelesen hatte. Und dass ich bei einer Geschichte von Alice Munro sehr an sie habe denken müssen. Es geht da um eine junge Frau, die wegen einer heftigen Verliebtheit und kurzen Leidenschaft ihren Mann und die beiden Töchter verlässt. Der Ehemann lässt sie gehen und sagt, was auch Sarahs Mann, als sie noch Annemarie war, gesagt hatte: Die Kinder bleiben hier. In der Geschichte geht es um den Schmerz, der nie aufhört, und darum, dass die Trennung trotzdem unvermeidlich war. Und dann wiederholte meine Freundin, die die Erzählung nicht kannte, beinahe wörtlich, was auch die kluge Schriftstellerin geschrieben hatte: »Es gibt keinen Trost. Nie. Aber die Kinder wurden trotzdem groß. Sie hassen mich auch nicht, weil ich sie damals verlassen habe. Das ist doch gut. Und inzwischen sind sie nun schon selber Mütter. Und schlagen sich tapfer mit ihren Beziehungen herum.«

Als wir uns vor meinem Hotel verabschiedeten, umarmten wir uns, und dann küsste ich sie auf den Mund. Und sie küsste zurück. Und ich spürte ihre Lippen wie damals. Rau und weich zugleich. Dann legte ich meinen Mittelfinger auf ihr Schlüsselbein.

Liebesspiele

Vorspiel

Die Frau

Plötzlich wusste sie dann doch eine Antwort. Wann war der schönste Tag in deinem Leben, hatte die Enkeltochter gefragt, nach dem sie erst bei den Affen gestanden und sich über deren Spiele amüsiert, dann den müden Löwen zugeschaut und sich gefürchtet hatten. Großmutter, das war ein schöner Tag, hatte sie Eis schleckend gesagt. Als sie den Giraffen zuschauten, die ihre Hälse aneinanderrieben, hatte sie nachdenklich ergänzt: Ich glaube, das war der allerschönste Tag in meinem Leben. Bei den leuchtenden Flamingos kam schließlich die Frage: Was war denn der schönste Tag in deinem Leben? Zu schnell kam es ihr über die Lippen: Heute, mit dir im Zoo.

Ja, heute – wie bei dir. Über die Lüge hatte das Kind gelächelt und sie freundlich durchgehen lassen. Sie war alt genug, um das seltsame Verhalten der Erwachsenen zu entschuldigen. Für ihre vier Jahre verfügte sie über eine erstaunliche Klugheit, eine ungewöhnliche Einfühlungsgabe. Was für ein Glück ist dieses Kind, hatte sie auf der Fahrt nach Hause gedacht, als die Kleine sang und nur einmal streng wurde angesichts der Unvernunft ihrer Großmutter, die nicht so fuhr, wie die Stimme im Navigator es befahl, stattdessen seltsame Entgegnungen gab – »was für ein Schwachsinn, ich denke nicht daran, diese Straße zu fahren, da gibt es immer einen Stau, ich kenne diesen Weg wirklich genau ...« – Großmutter, hatte sie ungeduldig gesagt, nun mach doch mal, was der Mann dir sagt.

Da musste sie lachen, ja, du hast recht, ich mache jetzt, was der Mann sagt.

Ihr habt ein wunderbares Kind, hatte sie vor der Schwiegertochter geschwärmt, als sie die halb Schlafende zu Hause ablieferte. Aber die kindliche Frage ging ihr nicht mehr aus dem Kopf: Was war

der schönste Tag in deinem Leben? Welcher Tag
war es? Die Geburt des Sohnes?

Seine ersten Schritte taumelnd noch auf sie zu
an seinem ersten Geburtstag? Als sie damals aus
dem Krankenhaus entlassen wurde, gegen alle Pro-
gnosen nach Hause durfte? Die Hochzeit im weißen Kleid am See mit all den Freunden, die übers
Feuerwerk staunten, das der Schwiegervater ihr,
besonders ihr schenkte? Die sichere Gewissheit in
den Augen ihres Vaters, an dem Abend, als sie ihm
von ihren Eheplänen erzählt hatte, sein Satz, er ist
der Richtige für dich. Ich bin mir sicher. Da kann
nichts schiefgehen. War es die endgültige, die gute
Diagnose am Krankenbett der Mutter, nach tage-
langer Unsicherheit? Das Schwimmen im Meer
mit dem Freund nach dem Abitur, die Sonne auf
der Haut, das Salz, das erste Mal Sex am Strand?
Die Freundin, die sie und nicht das andere Mädchen, ihre ewige Nebenbuhlerin, eingeladen hatte
zum nachmittäglichen Kinobesuch? Sie erinnerte
sich auch an das Glück, als sie souverän eine Karte
verlangte für den Film, in den man erst ab 18 durfte.
Sie war gerade fünfzehn geworden. Sie hatte sich

die Augen schwarz umrandet, den sicheren Blick vorm Spiegel geübt, aber die Kassiererin hatte sowieso nur müde aus ihrer Illustrierten aufgeschaut. Der Triumph am nächsten Tag in der Schule, als sie den Freundinnen davon erzählte. Da war sie sehr froh. Aber der glücklichste Tag im Leben?

Sie war schnell nach Hause gefahren, eine rasche Dusche, ein Telefonat mit dem übermüdeten Ehemann, der zufrieden von dem erfolgreichen Abendessen mit den japanischen Geschäftsfreunden erzählte. Wie spät ist es bei dir? Und bei dir? Welten trennen uns. Nebenher gesprochener Ehe-Grundsatz. Beide wussten sie nur zu gut, dass das die Wahrheit war.

Trotzdem oder gerade deswegen hatten sie es vielleicht so lange miteinander ausgehalten. Er würde jetzt sagen, was heißt hier miteinander, du lebst doch lange schon dein eigenes Leben, und sie würde wie immer an dieser Stelle antworten, ja, so wie du auch. Und: Das war nicht allein meine Entscheidung. Früher wolltest du nicht zu viel Nähe, heute brauche ich sie nicht mehr. Dann würde er seufzen und vom Alter reden, und dass man da enger aneinanderrücken müsse. Ich küsse dich – sagte er sanft und dann noch: Es macht ja nichts, früher hast du mich lieber gehabt, heute ich dich. Das ist wohl in Ordnung so. Mag sein – sie wollte nicht über ihre Ehe, ihre Bindung reden –, aber dann sagte sie doch, was die Wahrheit war: Ich liebe dich auch und immer noch und überhaupt immer. Das ist schön, seufzte er und: Darüber bin ich froh. Ich muss jetzt schlafen.

Sie kam zu spät. Er saß im Restaurant, strahlte sie an, ihr Kleid stünde ihr wunderbar, ob sie sich in einen anderen verliebt habe, sie sehe so jung aus, ob sie wirklich erst essen wolle oder nicht vielleicht doch sehr müde sei? Sie könnten auch gleich zu ihm fahren. Bei ihm sei es hübsch warm und der Rotwein stünde bereit. Sie fühlte das Glück, begehrt zu werden. In ihrem Alter. Sie freute sich auf die Nacht. Die Nähe, die Heftigkeit, das Schweigen danach – sein Mund war so weich. Sie mochte die Liebe mit ihm sehr. War empfänglicher als in jungen Jahren. Geduldiger. Empfindungsfähiger. Begeisterter.

Später lagen sie beieinander. Er schlief rasch ein. Sie wäre gerne gegangen, wollte ihn aber nicht verletzen. Und da, in diesem Augenblick wusste sie plötzlich, welcher Tag es gewesen war. Der glücklichste Tag ihres Lebens. Ein Sonntag vor mehr als 30 Jahren. Mit dem Mann, an den sie lange nicht gedacht hatte. Als sie sich später einmal trafen, hatte er gesagt, nie wieder sei es mit einer Frau gleichzeitig so schön und so schrecklich zugleich gewesen. Sie nahm es als Kompliment. Sein Blick war dabei düster. Er hatte mit ihr leben oder sterben wollen. Sie wollte das nicht. Weder das eine noch das andere. Sie wusste, dass die Leidenschaft nicht dauern würde, wenn sie beieinanderblieben. Sie hatte die Trennung der Gewöhnlichkeit vorgezogen. Sie versuchte sich zu erinnern, woher sie die Entschlusskraft damals genommen hatte.

Aber das war er gewesen, der schönste Tag ihres Lebens: ein Sonntag im Bett mit ihm, ab und zu waren sie aufgestanden, hatten getrunken und gegessen, Musik gehört, waren wieder versunken in die Absolutheit einer Leidenschaft, die es davor und danach nie wieder gegeben hatte. Dafür hat sich das Leben gelohnt, dachte sie, als ihr in den Armen des Mannes die Augen zufielen, der ihr auch nur ein vergängliches Glück sein würde.

Sie freute sich auf die Rückkunft ihres Ehemannes. Und sah sich dann doch – zwischen Wachen und Träumen – ihren Hochzeitswalzer tanzen, vielleicht war doch das der glücklichste Tag gewesen? Warum eigentlich nicht, warum will man immer so verdammt originell sein?

Auftakt

Das Paar

Wollen wir das wirklich tun?

Deswegen sitzen wir hier.

Eine deiner seltsamen Ideen: Wir treffen uns, um uns gemeinsam zu erinnern. Das ist doch sinn-los. Wir konnten uns nie einigen auf die eine, auf die gemeinsame, die gültige Version unserer Ge-schichte.

Das unterscheidet uns nicht von anderen Paa-ren. Jeder erzählt immer nur seine Version, und die ist meistens höchst verschieden von der des anderen. Lass es uns trotzdem versuchen.

Wozu soll das gut sein? Du erinnerst dich sowieso nur immer an das Schlechte. Es gibt solche Men-schen. Du gehörst zu ihnen. Das ist dein Charakter.

Nur weil ich deine Beleidigungen nicht vergessen habe? Die Schmerzen, die du mir bereitet hast, die – meinetwegen – wir uns zugefügt haben? Jeder erinnert sich vor allem an das Unglück.

Das Glück verweht.

Ich erinnere mich lieber an die guten Momente.

Das macht dir vieles leichter.

Wie viel Zeit gibst du uns?

Haben wir noch viel Zeit?

Die Wahrheit, nichts als die Wahrheit?

Wahr muss es nicht sein. Nur stimmen.*

---

* In Erinnerung an den Roman von Brigitta Ahrens, *Katzengold*.

Der Anfang

I

Du saßest am Nebentisch, vertieft in die Zeitung,
Ich habe dich wiedererkannt. Am Abend vorher
hatte ich dich gesehen, an der Bar. Du warst in ein
Gespräch mit meinem Chef vertieft.
Das ist also der Mann mit der Idee, von der alle
reden. Ich wusste, dass du zur Messe musst.

Quatscht mich plötzlich eine junge Hübsche
an, ob ich sie mitnehme. Wer hätte da nein gesagt. Du warst wirklich schön. Und jung.
So jung war ich nicht. Nur jünger als du. Du warst
schon ein wenig kahl an den Schläfen.
Aber sonst. Du warst charmant. Und hast unablässig auf mich eingeredet.

Ich hab dir nur ein paar Geschichten erzählt.
Du liebtest Geschichten. Das habe ich gleich

gemerkt, fast alle Frauen lieben Geschichten.

Da warst du nichts Besonderes. Ich war geübt.

Und, ja, darin ziemlich gut.

Wie das klingt. Als hättest du mich auf der Liste abgehakt. Wieder eine, die ich betöre. Du hast doch immer gesagt, du habest dich gleich in mich verliebt. In dem Augenblick, als ich zu dir an den Tisch trat.

Was man so sagt.

Du hast nicht mit mir geschlafen. Nicht in der ersten Nacht. Du hast dich vor der Hotelzimmertür verabschiedet. Für heute nur ein Kuss. Hast du gesagt.

Frauen mögen auch das. Dass man sie nicht gleich ins Bett zerrt. Dafür wird es später umso schöner. Ich hatte dich mitgenommen auf die Party. Meine Kollegen waren neidisch. Wir hatten einen schönen Abend.

Also alles nur Programm und Trick? Die Geschichte deines Kindes, von dessen Existenz du erst Jahre später erfahren hast, Ergebnis einer Sommernacht, das dir die Frau immer verschwiegen hatte. Ich habe sie dir geglaubt. Ich habe dir alle deine

Geschichten geglaubt. Ein Fehler. Aber das wusste ich erst viel später. Ich war mir so sicher, zwischen uns beginnt eine besondere Geschichte. Ich wollte dich unbedingt. Ich war zwei Tage später wieder da. Bin mit dem Flugzeug zurückgekommen. Du hattest kein zusätzliches Hotelzimmer reserviert.

Siehst du, es hat funktioniert.

Es war aber gar nicht besonders schön. Im Bett, meine ich. In der ersten Nacht.

Was soll das denn heißen? Es war hervorragend.

Ach ja? Du warst der erste Mann meines Lebens, der – wie heißt es – einen vorzeitigen Samenerguss hatte. Kannte ich bis dahin nur aus dem Biologie-buch.

Schwachsinn. Es dauerte nur so lange mit dir.

Du warst nicht gerade leicht erregbar?

Du offenbar zu sehr.

Ganz normal, würde ich sagen. Ich war noch jung, ich meine, jünger, da kann das schon mal passieren, ich war scharf auf dich. Aber lass uns damit aufhören. Es war sowieso ganz anders.

Ganz anders?

Völlig.

Eine andere Variante?

Ja, eine andere Variante.

2

Ich kam auf die Terrasse, ich sah dich sofort. Braun und blond. Du sahst gelangweilt aufs Meer, als habe es dich enttäuscht.

Ich hatte mich gerade von meinem Freund ge‑ trennt, ich hatte meine Koffer gepackt, ich war geflohen, hätte mich am liebsten umgebracht, nie mehr würde ich mich verlieben, nie mehr einem Mann vertrauen, ich war so traurig, so enttäuscht.

Mit meiner Freundin hatte ich ihn im Bett er‑ wischt, ekelhaft, was für ein Klischee, die beiden starrten mich fassungslos an, stöhnten geradezu wütend auf – das glaube ich jetzt nicht, das kann doch nicht wahr sein –, als ich die Schlafzim‑ mertür öffnete. Als wäre ich die Betrügerin, weil ich den früheren Zug genommen hatte, dabei wollte ich den Idioten überraschen, am nächsten Tag sollte ja unser Flug gehen, endlich gemein‑

same Ferien, die ersten nach zwei Jahren, ich war euphorisch, hatte mir ausgemalt, wie ich ihn glücklich machen, mit ihm ins Bett fallen würde. Aber da lag er nun schon mit einer anderen.

Stopp. Hör auf. Da ist nicht unsere Geschichte. Sie interessiert mich nicht. Ich kenne sie außerdem zur Genüge. Von dir, von anderen, sie lohnt nicht, noch einmal erzählt zu werden.
Meine Güte, der Typ hat deine Freundin flachgelegt. Hatte wahrscheinlich nichts zu bedeuten. Kein Grund für Selbstmordgedanken. Passiert alle Tage. Komm lieber zum Punkt. Unser Anfang: Du sitzt auf der Terrasse dieser verwanzten Taverne: eine schöne traurige Frau. Ich wusste sofort, das ist sie, um ihretwillen bin ich auf dieser bescheuerten Insel, trinke den grottenschlechten Wein und warte, dass die Zeit vergeht.
Schwachsinnige Idee meiner Eltern, ich sollte nach dem letzten Examen ausspannen, sie hatten mir die Reise geschenkt. Ich hasse das Meer, die ewige Sonne.

Ich war wenigstens aus eigenem Antrieb da.

Wenn das eigener Antrieb ist: Dein Freund hatte dich betrogen, deswegen bist du geflohen.

Panischer Aufbruch. Dein Flugschein lag bereit. Du wärst sonst nie alleine gefahren. Du bist überhaupt nicht der Typ der Alleinreisenden.

Du musst es ja wissen, du hast mich doch nie alleine fahren lassen. Ich sehe, wie du die Terrasse betrittst, nein, ich sehe, wie du mich anschaust, das Begehren in deinem Blick. Besseres hätte mir nicht passieren können. Ein Klischee, aber das war mir egal: Betrogene Frau tröstet sich mit dem Erstbesten, der ihr Avancen macht.

Der Erstbeste? Habe ich dir Avancen gemacht? Du hast dich ziemlich schnell an meinen Tisch gesetzt.

Das machte man damals so. Ich habe nicht lange nachgedacht. Du hattest mich außerdem aufgefordert – ohne Worte.

Ich habe dich nicht aufgefordert, hätte ich mich gar nicht getraut, ich war schüchtern. Du warst die Draufgängerin, jedenfalls tatest du so, als seiest du eine. Ich konnte gar nicht so schnell ja sagen, wie du in meinem Bett lagst.

Ich brauchte das. Ich habe mir das als eine Art
Wiedererweckungsmitel verschrieben, in dem
Augenblick, in dem ich dich sah, ich habe mir
dich als Medizin verordnet. Du hattest noch
deine Freundin zu Hause. Wolltest dir klar werden, wie das weitergeht. Schwieriges Verhältnis,
hast du mir alles in der ersten halben Stunde erzählt. Günstige Ausgangslage. Du hast nicht
gerade Widerstand geleistet.

Ich habe mich in dich verliebt. Auf der Stelle.
Das hast du später immer behauptet, aber du
warst für mich trotzdem und vor allem eine Medizin. Sie hat auch geholfen. Wir waren beide
die richtige Medizin füreinander.

Unsinn. Das war keine Medizin. Das war Schicksal. Es war, als wären wir füreinander bestimmt,
die Vorsehung ereilte uns, auf dieser Insel. Es gibt
keinen Zufall. Hast du doch gesagt. Ich hätte jeden
Unsinn geglaubt. Unser erster Sex war unglaublich.

Ja, er war unglaublich. Es passte alles, wie du
mich angefasst hast, wie du schmecktest, dein
Rhythmus und meiner, deine Hände auf mei-

nen Brüsten, ich hatte das noch nie erlebt – in der ersten Nacht.

Was für eine Frau. Welches Glück war mir da zugelaufen. Ich wollte dich auf der Stelle heiraten.

Das Problem war nur, du warst besser im Bett als am Tisch.

Was soll das denn heißen?

Ich war vorher mit einem Mann zusammen, der Gedichte schrieb und lange Aufsätze über Keats. Du erzähltest mir von deiner bevorstehenden Karriere, von Umsätzen, die du steigern, neuen Märkten, die du erobern würdest.

Du fandest mich zu blöd? Kein Feingeist. Nicht so intellektuell wie deine anderen Typen? Beschränkter Idiot, der gut im Bett ist. So hast du das damals nicht gesagt. Im Gegenteil, ich musste dir erklären, wie die Börse funktioniert. Du hattest keine Ahnung.

Es hat mich auch nicht besonders interessiert. Hätte es aber sollen. Sollte es. Dann stündest du nicht so beschränkt da, finanziell meine ich, wirtschaftlich unterbelichtet. Das interessiert die Dame nicht, ist ihr zu niedrig. Geld verdirbt den Charakter, nein, die Beschäftigung mit Geld verdirbt ihn. Ich zitiere wörtlich.

Ein Zitat aus einer anderen Zeit. Gehört nicht zum Anfang. Nur ausgeben kann ich es. Dein Satz. Auch später gesagt.

Am Anfang hast du dich verstellt, tatest so, als würde dich interessieren, was ich mache, was ich denke, womit ich mich beschäftige.

Ich habe mich nicht verstellt. Ich habe meiner eigenen Langeweile nicht getraut. Wahrscheinlich habe ich mich auch gar nicht wirklich gelangweilt. Wir hatten wirklich guten Sex.

Wie kann man mit einem Langweiler aufregenden Sex haben? Das erklär du mir mal. Ich denke, Frauen streben da eine Einheit an.

So geht das nicht. Lass uns noch mal beginnen.

Fang du an.

Gut, fangen wir noch mal an.

3

Die Einladung hatte ich nur angenommen, weil mich mein Kollege nicht in Ruhe ließ. Seine Frau hatte ihn auf mich angesetzt. Sie gab einmal mehr ein langweiliges Abendessen unter eitlen Künstlern oder solchen, die sich dafür hielten. Die Gastgeberin wollte die Salonkultur wiederbeleben. Ich konnte sie nicht ausstehen, die Frau betat sich furchtbar, alles wurde mit Bedeutung aufgeladen. Kein Kleid, kein Möbelstück ohne Geschichte. Sie langweilte sich einfach nur, eine unbegabte Schauspielerin ohne Engagement auf der Suche nach ihrer Bestimmung.

Die zwei Kinder waren es offenbar nicht. Ihren Mann kannte sie schon ewig, eine Jugendliebe, die gehalten hatte. Auch damit gab sie an. Sie seien die Einzigen, die so lange und – an dieser Stelle kam stets ein tränennaher Augenaufschlag – so glücklich miteinander seien. Sie betonte das ein wenig zu oft. Er schwieg an dieser Stelle, lächelte nur zustimmend.

Mir hing das zum Hals heraus. Zu dick aufgetragen. Ich nahm den beiden ihre Liebesidylle nicht ab. Er war immer der Letzte im Büro. Sie scharte gerne Maler, Galeristen und Sammler um sich. Grauenvolle Mischung. Jeder beäugte den anderen, kann er mir von Nutzen sein, wie steche ich ihn aus, hat der genug Geld, um zu kaufen. Wie kann ich mich hervorheben, den Dicken da in mein Atelier locken. Alle Mittel waren erlaubt, schöne Frauen im Vorteil, harmlose junge Männer spielten junge Wilde. Alberne Veranstaltung. Bei der letzten Gesellschaftsquälerei dieser Art war ich mit einem Jung-Galeristen aneinandergeraten, der Kunst als einzige moralisch integere Geldanlage pries. Ich hielt mit ehrlichen Aktiengewinnen und volkswirtschaftlich nützlichen Firmenanleihen dagegen. Stand auf verlorenem Posten in dieser Runde. Das hatte die öde Stimmung wohl aufgemuntert. Endlich einmal eine echte, eine wichtige Kontroverse, zitierte der Kollege am nächsten Tag seine Frau. Ich wollte da nicht wieder hin, der arme Mann ließ jedoch nicht locker. Seine Frau machte ihm die Hölle heiß. Also gut, dachte ich, das Essen ist immerhin passabel. Eine Stunde, dann verdrücke ich mich. Und dann sitzt du mir gegenüber an dem langen Tisch. Gefeiert wurde nicht nur die Salonkultur, sondern das Ende einer Ausstellung, mit Kennermiene sprachen die Gäste von der gelungenen Finissage. Was hattest du damit zu tun? Deinen Namen hatte ich nicht verstanden. Warst du Künstlerin? Eine Meisterschülerin, die sich das Atelier mit der Freundin teilte und auf den Durchbruch hoffte? Von der Wiederentdeckung der seriellen Malerei schwärmte? Bitte nicht, die nicht auch. Dein ironisches Lächeln erwiderte ich. Leicht nach unten gezogene Mundwinkel. Sie hält mich für einen Idioten. Denkt, ich sei einer der blö- den Sammler. Was für ein Mund. Ich hatte gerade zum xten Male »Jules und Jim« gesehen. Aber das war hier nicht das Lächeln einer Göttin, die Frau war irdisch, ich wollte dich auf der Stelle küssen. So war's.

Mein Lieblingsroman war damals *Zärtlich ist die Nacht* von Scott Fitzgerald. Da gibt es die- sen Satz, die junge Hollywoodschauspielerin hat sich gerade in den verheirateten Dick Diver verliebt. Sie findet ihn vollkommen, bewun- dert alles an ihm, seine Haut, seine Haare, seine Hände, seine Augen, seine Nase, seine Stimme, vor allem aber ist sie hingerissen davon, dass er jeden, mit dem er spricht, wirklich meint und anschaut. Wer sieht uns schon wirklich an: »Meist treffen uns ja nur neugierige oder desinte- ressierte Blicke, mehr nicht.« Den Satz kann ich immer noch auswendig. Du hast mich genau so angesehen. Du dachtest an Jeanne Moreau, ich an Dick Diver. Man täuscht sich immer.

Nein, das haben wir nicht. Ich dachte auch gar nicht an die Moreau. Ich sah dich und wollte wis- sen, wer du bist. Ich mochte deine Ironie, deine spielerische Arroganz. Die aufgesetzte Überheb- lichkeit, mit der du mich ansahst: Sie können mir sowieso nicht das Wasser reichen. Endlich mal eine, die sich nicht an den Mann bringen will. Ich gab mir Mühe. Das musst du zugeben.

Ja, du hast unablässig von »Jules und Jim« gere- det. Kein Kunstgerede, kein Galeriegeschwätz, kein Geld. Das war nicht schlecht. Ich war mit meiner Freundin gekommen, es war ihre Fi- nissage, und ich hatte sie sehr bemitleidet. Sie musste nett sein zu lauter Dummköpfen.

Sie wollte verkaufen. Du erzähltest mir von der Liebe der beiden Freunde zu dieser einen Frau, und davon, dass das Ende zwar vom weiblichen Standpunkt vielleicht unausweichlich, vom männlichen aber unnötig gewesen sei. Die drei hätten es gut haben können miteinander im Schwarzwald. Diese Liebeswidersprüche waren für uns thematisch eigentlich viel zu früh, es gab uns beide ja noch gar nicht, geschweige denn den Dritten, der unweigerlich irgendwann auftaucht, aber vielleicht wolltest du mir nur klarmachen, dass die absolute Leidenschaft nicht von Dauer ist, man deswegen den Augenblick ergreifen sollte. Deine Begeisterung steckte mich an. Ich habe dir vom Autor deines Lieblingsfilms erzählt und von Franz Hessel und seiner Frau Helen, die gar nicht aussah wie die Moreau und die die Leidenschaft – anders als im Kino – auch überlebt hat.

Und von Truffauts Sekretärin, die sich weigerte, dieses pornographische Zeug abzuschreiben.

Von der auch. Überhaupt von der Wiederentdeckung des vergessenen Schriftstellers Jean-Pierre Roché durch Truffaut. Du wusstest davon nichts. Du bliebst jedenfalls länger als eine Stunde.

Ich wäre mit dir drei Tage in einer Zelle bei Wasser und Brot geblieben. Die Sache war klar.

Ich habe an dem Abend mit niemandem sonst gesprochen. Die Gastgeberin war von mir enttäuscht.

Am Ende haben wir uns fürs Kino verabredet.

Am liebsten hätte ich mit dir Truffaut gesehen, seine andere Roché-Verfilmung: Zwei Schwestern oder die Liebe zum Kontinent.

Dann hätten wir uns lange nicht gesehen. Kein Kino hatte den Film im Programm.

Aber es wäre schön gewesen, zu warten auf den Abend, den Augenblick.

Zum Glück wolltest du wohl auch nicht so lange warten. Du gabst mir deine Telefonnummer.

Du hast noch in der Nacht angerufen, ich war kaum zu Hause, da klingelte das Telefon.

Es hätte ja sein können, dass ein Mann an den Apparat geht. Ich wollte wissen, woran ich bin.

Es gab keinen Mann in meiner Wohnung. Du hast meine Mitbewohnerin aufgeweckt.

Dieser Anfang ist doch nicht schlecht. Jules und Jim und Fitzgerald. Das muss dir doch gefallen.

Ja, lass uns den nehmen.

Der Sex fehlt noch. Fantastisch. Weißt du noch, wir saßen auf der Bank. Du hattest mich vom Flughafen abgeholt. Wir wollten eigentlich spazieren gehen. Wir konnten es kaum aushalten.

Das war nicht mehr am Anfang. Das kann noch nicht am Anfang gewesen sein. Wir nehmen diesen Anfang. Sex spielt dabei keine Rolle.

Sex spielt immer eine Rolle.

Und dann?

Was war dann?

Wie ging die Geschichte weiter?

Geschichten gehen immer weiter.

Unsere …

Der Anfang ist fast immer schön.

Er dauert nur viel zu kurz. Leider.

Und dann? Immer noch Euphorie.

I

Ich wusste einfach, dass du es bist. Du und kein anderer. Ich war so verliebt in dich. Alles an dir schien mir herrlich. Wie du dem Kellner gewinkt hast im Restaurant, wie du dein Hemd über den Kopf zogst, immer einen Knopf zu wenig geöffnet, dein Zögern, bevor du Zucker in den Kaffee rührtest. So alberne Dinge begeisterten mich. Waren mir untrügliche Zeichen. Deine Stimme. Ich hörte deine Geschichten – und glaubte sie alle. In kurzer Zeit wurde mir dein Leben vertraut, wurden deine Erinnerungen zu meinen. Eure Haushaltshilfe, die stets blaue Kittelschürzen trug und dir Arme Ritter backte. Ich habe nie Arme Ritter gegessen, die gab es bei uns zu Hause nicht, aber nun liebte ich sie, weil du sie als Kind geliebt hattest.

Ich hasste deine erste Freundin, die dich hatte am Sprungturm stehen lassen, weil ihr dein Zögern peinlich war. Immer noch sehe ich dich da: ein schmalbrüstiger 14-Jähriger, der sich nicht traut, vom Zehnmeterbrett zu springen und der nicht versteht, warum die Liebste ihn dafür verachtet. Ich hätte dich auch für dieses Zögern geliebt.

Hättest du vermutlich nicht. Frauen wollen starke, entscheidungsstarke Männer. Das war ich mit vierzehn nicht. Wäre ich vielleicht auch nicht geworden, wenn du mit mir am Sprungturm gestanden und mich trotzdem bewundert hättest.

Unsinn. Wenn man verliebt ist, liebt man alles an dem Anderen, auch seine Schwächen.

Besser nicht. Man kriegt das sonst später alles heimgezahlt, weil die Schwächen ohne Liebesbrille plötzlich das sind, was sie eben meistens sind: hässlich und klein. Und dann? Dann wird man nicht nur wegen der Schwächen verachtet, sondern auch dafür, dass du dich getäuscht hast, meine Schwächen als liebenswert ansahst, obwohl sie nur gemeine, blöde Schwächen waren.

Es geht nicht um später. Es geht um die erste Zeit.
Erinnere dich.

Es war nett. Wir sahen uns viel, wir schliefen
viel miteinander.

Ja, das wurde auch besser. Aber das war es wirklich nicht, Sex war schön, aber nur weil alles andere schön war.

Oder alles andere war schön, weil der Sex schön
war. Du warst schön.

War das alles?

Ich habe nicht so viel darüber nachgedacht. Wir
hatten eine gute Zeit zusammen. Ich nahm dich
gerne mit. Ich mochte, wie selbstverständlich
du an meiner Seite Figur machtest. Das gefiel
mir.

»Figur machtest«? An später hast du nie gedacht?

Nein. Habe ich nicht. Du warst nicht die erste
Frau an meiner Seite. Alles hatte immer seine
Zeit gehabt.

Ich habe andauernd an später gedacht. Ich malte
mir mein Leben an deiner Seite aus.

Ich weiß, du hast deinen Willen ja auch bekommen. Für immer und ewig. Fast.

Meinen Willen? Deiner war es nicht? Du bist mit mir verreist. Weißt du nicht mehr?

Tunesien.

Ich dachte, das ist nicht nur ein Geschenk, es ist auch eine Prüfung.

Eine Ferienreise war's. Nicht mehr und nicht weniger. Ich bin auch schon mit anderen Frauen verreist.

Aber wir waren doch besonders glücklich in Tunesien.

Ja, wir hatten eine gute Zeit dort. Das Hotel war anständig. Das Klima angenehm, und mit dir war auch eine so blöde Situation wie in dem Teppichladen kein Problem. Das war gut.

Ich erinnere mich. Das Auto am Straßenrand, eine Panne, ein verzweifelter junger Mann, ob wir helfen, ihn mitnehmen könnten, er müsste dringend in die Stadt, in die Werkstatt. Natürlich konnten wir. Zum Dank wurden wir beim Onkel zum Tee eingeladen, der zufälligerweise einen Teppichhandel betrieb und uns seine Waren aufschwatzen wollte. Alter Trick.

Wir kamen da nicht mehr raus, je mehr der

Typ seine Teppiche anpries, desto entschiedener war ich, nichts zu kaufen. Du hast mich nicht gedrängt, warst auf meiner Seite. Eine andere hätte vielleicht gesagt, nun kauf doch wenigstens eine Brücke, dann haben wir unsere Ruhe. Sind doch schöne Teppiche. Aber du warst wie ich nicht bereit, nachzugeben. Das hat mir gefallen.

Vielleicht habe ich da zum ersten Mal gedacht, mit der Frau könntest du zusammenbleiben.

Weil ich einem Teppichhändler widerstanden habe? Das war für dich der entscheidende Moment?

Ist die Art, dem Kellner zu winken, so viel aussagekräftiger?

Lass uns noch mal anfangen.

Gut, versuchen wir es noch einmal.

2

Du hast mich abgeholt. Ich musste meine Sachen aus der Wohnung räumen. Du warst 500 Kilometer gefahren. Du strahltest, als du zur Tür reinkamst. Noch nie habe ich einen Mann so strahlen sehen.

Zur Tür der Wohnung, die du mit deinem vorigen Freund bewohnt hattest.

Er war nicht da.

Zum Glück. Ich wollte ihn wirklich nicht kennen lernen, und wenn ich da schon gewusst
hätte, dass du noch mal mit ihm geschlafen hast,
dann hätte ich mich sofort umgedreht und wäre
die 500 Kilometer zurückgefahren.

Das hatte nichts zu bedeuten.

Für mich schon.

Es war ein Abschied. Ein endgültiger. Ich habe es
dir schon hundertmal erklärt. Danach war ich erst
frei. Richtig frei.

Seltsames Abschiedsritual. Der Typ war doch
angeblich ein Idiot. Hatte dich mit deiner besten
Freundin betrogen. Ich hätte nicht im Traum
daran gedacht, mit meiner vorigen Freundin
noch einmal zu schlafen. Wäre mir einfach
nicht in den Sinn gekommen. Ich hatte überhaupt kein Bedürfnis nach einer anderen Frau.
Nach der Erfahrung mit dir.

Die Menschen sind verschieden.

Wenn man in jemanden wirklich verliebt ist,

will man nicht mit einem anderen schlafen. Das hat mit Unterschieden nichts zu tun.

Ich denke, das kommt andauernd vor.

Ja, aber dann ist es nicht die große Liebe.

Gut, dass ich es dir damals nicht erzählt habe. Unsere Reise wäre ein Desaster geworden.

Es wäre zu keiner Reise gekommen.

Siehst du. Gut, dass ich es dir nicht erzählt habe. Wir hatten es doch nett in London.

Nett scheint mir nicht das richtige Wort. Du warst nie vorher dort gewesen. Ich habe dir alles gezeigt.

Du warst allerdings nicht ganz der richtige Begleiter fürs British Museum. Du hattest überhaupt keine Lust auf Ausstellungen, bist stattdessen in Plattenläden verschwunden, die mich langweilten.

Langweilten? Wir waren in dem tollsten Konzert, das du je gehört hast.

Das du je gehört hast. Ich fand es zu laut, zu stickig. Nicht meine Musik: Hit me with your rhythmstick …

Damals hat es dir gefallen.

Nein, es hat mir nicht gefallen. Ich hab es nur nicht gesagt. Ich wollte dir den Spaß nicht verderben.

Ich dachte, wir reden über die euphorische erste Zeit. Und du hattest keinen Spaß? Lass uns noch mal beginnen.

In Ordnung. Fangen wir noch einmal an.

3

Du warst nicht ohne Mann. Es gab da einen anderen.

Ja, ich habe ihm aber bald von dir erzählt, mich von ihm getrennt. Das war nicht leicht und auch nicht schwer, es schien selbstverständlich. Wir waren jetzt das Paar. Obwohl du noch eine Weile der Frau hinterherdachtest, die dich nicht gewollt hatte. Vor mir.

Sie war bald verschwunden. Auch wenn ich sie noch ein paar Mal gesehen habe.

Wir schliefen eng umschlungen ein. Du flüstertest mir herrliche Sätze ins Ohr, an die du dich am nächsten Morgen nicht mehr erinnern konntest. Wunderbare Liebeserklärungen.

Ich ließ dich mit meinem Auto fahren. Den alten Jaguar hatte noch nie eine Frau steuern dürfen.

Wir liefen glücklich auf dem Frühlingsfest herum, der rote Paradiesapfel schien mir der Inbegriff aller Köstlichkeiten. Ich habe dich vor dem Riesenrad geküsst, obwohl du gerade ein Fischbrötchen gegessen hattest. Ich wollte, was du wolltest, du wolltest, was ich wollte. Es gab damals noch dieses Spiegelkabinett. Wir als fettes und als dünnes Paar, als Riesen und als Zwerge – und jedes Mal schien es zu passen. Diese Frau und dieser Mann waren jetzt ein Paar. Seltsamer Vorgang. Ich kannte dich erst seit zwei Wochen.

Du kamst die Treppe herauf, ich stand in der Tür. Du strahltest mich an. Nie vorher und nie nachher habe ich in den Augen einer Frau eine solche Begeisterung für mich gesehen. Jeder Widerstand wäre da zwecklos gewesen.

Und Venedig. Venedig. Nicht originell, aber das spielte keine Rolle. Wenn wir in der kleinen Pension aufwachten, uns im Bett aufrichteten, fuhren die riesigen Passagierkreuzer vorbei. An unserem Fenster. Die schönste Stadt der Welt. Du hast mir ein rotes Kaschmirtuch gekauft, mich darin eingewickelt. Ich habe es immer noch. Wir saßen auf dem Zattere, es war November, die Sonne schien, die ganze Stadt strahlte, weil wir strahlten.

Du übertreibst. Wir waren nie ein strahlendes, immer nur ein mäßig leuchtendes Paar. Der Alltag mattiert alles, was strahlt und leuchtet.

Damals waren wir ein strahlendes Paar.

Vielleicht hast du recht. Das war wohl unsere strahlendste Zeit.

Alltag

I

Du warst nie da. »Ich teile das Schicksal vieler
Frauen aus meiner Zeit, welche die Männer zum
Kampf herausgefordert haben.«

Bitte nicht. Das habe ich schon ungefähr fünf‑
hundertdreiundneunzigmal gehört. Dein Lieb‑
lingszitat: Aber dann »war dieser Kampf genau
wie alle anderen Schlachten …«

»Genau wie alle anderen Schlachten … Man wählt
eine Aufstellung, man erringt einen Pyrrhussieg
oder man wird geschlagen und ruiniert …«

Das geht gar nicht.

Warum eigentlich nicht?

Alles ging viel zu schnell. Wir kannten uns viel zu
kurz, als wir zusammenzogen. Die günstige Gelegenheit, die Umzugskonditionen, die nur für ein
Ehepaar galten. Warum haben wir uns nicht Zeit
gelassen. Du hast mich gedrängt.

Was wäre anders gewesen, wenn wir noch gewartet hätten. Zwei Städte, eine Liebe. Das geht
nicht lange gut.

Und so ging es gut? Wo blieb die Liebe? Die Leidenschaft? Du warst weg, ich spielte die Rolle, die
ich hasste: einkaufen, einrichten, drapieren und
ausschmücken. Ich lernte kochen: Sauerbraten.

Am Ende war ich darin fast so gut wie deine
Mutter. Aufs gute Fleisch kommt es dabei an.
Such dir als Erstes einen guten Metzger in der
Nachbarschaft. Ich telefonierte mit ihr am Wochenende, weil du zu müde, zu angespannt, zu
abgespannt, zu beschäftigt, einfach nicht aufge-
legt warst. Du hast das Geld verdient, ich weiß,
wir konnten in die Ferien fahren, die größere
Wohnung mieten, ich bekam ein Auto, das ich

mir von meinem Job nicht hätte leisten konnte. Du hast mir den teuersten Mantel meines Lebens gekauft, weil ich ihn so gerne wollte. Du bist mit mir zum Tanzkurs. Obwohl du keine Lust hattest. Ich wurde schwanger. Ich blieb zu Hause. Weil du mehr Geld verdientest als ich. Ich kümmerte mich dafür um Haus und Kind und schaute mir die Kindergärten in der Nachbarschaft an, ging zum Elternabend, suchte die richtige Schule aus, du nicktest zustimmend, noch mehr Elternabende, Schulspeisung, Klassenfahrt, Elternsprecherin. Hockeyverein, Hockeyreise, Hockeyvereinsfest. Leider, mein Mann ist auf Geschäftsreise.

Das wird hier schnell zum langweiligen Pamphlet einer unzufriedenen Frau.

Du bist nach drei Jahren wieder in deinen Job eingestiegen. Warst erfolgreicher als vorher.

Nicht das Allgemeine sollten wir im Gedächtnis behalten. Nur das Besondere lohnt die Erinnerung.

Ist das so? Und wenn alles ganz allgemein war, nicht sehr speziell? Unsere Geschichte die von tausend anderen sein könnte? Was tun wir dann?

Wir machen eine Pause. Und fangen noch einmal an.

Man kann nicht immer wieder von vorne beginnen. Irgendwann ist die Zeit der Möglichkeiten vorbei. Wir haben nur die eine Wirklichkeit. Wir hatten nur die eine.

Hier geht es doch aber um das Spiel mit den Varianten.

Also gut. Eine andere Möglichkeit. Ich versuch's noch mal.

Lass es mich noch einmal versuchen.

3

Ich wollte dieses Kind.

Damit fängst du an? Wenn du es unbedingt gewollt hättest, hättest du es auch bekommen.

Du hast mir immer und immer wieder erklärt, dass es nicht geht, dass ich es nicht alleine aufziehen könnte, zu unreif sei, zu blöd, keine Mutter eben, dass unsere Liebe das nicht aushalten würde, dass du kein Kind willst, jedenfalls nicht mit mir, dass wir das nicht überstehen würden, dass Windeln jede Liebe zerstören, dass du die Flucht ergreifen würdest. Ich hatte nicht genügend Kraft. Ich sprach schon mit dem Kind in meinem Bauch, aber deine Stimme übertönte alles. Ich habe nicht begriffen, welchen Kampf du da führst und gegen wen. Ich habe es mir von dir ausreden lassen. Eine schlimme Sache. Ich schäme mich dafür bis heute.

Hör auf damit. Es war noch nicht so weit. Das Kind kam dann ja später.

Weil ich dir dieses Mal erst davon erzählte, als kein Widerspruch von dir mehr etwas ändern konnte.

Jetzt war auch ich mir sicher. Es war alles gut so, wie es war.

War es das? Keine Spur von schlechtem Gewissen? Es war richtig, so wie es war. Wir brauchten Zeit. Wir mussten uns aneinander gewöhnen. Leidenschaft kann jeder. Liebe beherrschen nur wenige. Dauerhafte Liebe. Wir waren einander doch fremd. Jeder Liebende ist dem anderen ein Fremder. Wir verlieben uns in einen Fremden. Wir lieben einen Vertrauten.

Früher haben mich deine tiefsinnigen Sätze mehr
beeindruckt. Alles schleift sich ab.

Ich weiß, dass du mich nicht mehr bewunderst
wie früher. Das ist schade. Ich bewundere dich
mehr als früher. Das ist besser.

Du bist immer besser. Oder? Warst immer besser!

Unsinn. Du hast die Wohnung gefunden, du
hast mich überzeugt, dass wir zusammenleben
können. Und du hattest recht. Ich konnte mir
das nicht vorstellen, ein schreiendes Kind, eine
missmutige Frau, abends zu Hause bleiben, weil
der Babysitter nicht kann, andauernd krank
werden, weil im Kindergarten alle andauernd
krank sind.

Das hat dich am meisten empört, dass du andauernd krank wurdest, wo du doch vorher nie krank
warst, anfällige Leute stets bemitleidet hast.

Das war furchtbar. Aber ist lange vergessen. Es
war wunderbar. Mit dir und dem Kind. Die
erste Woche bestaunten wir dieses Wunder, waren gebannt vom Gemeinsamen, das uns nun
für immer verbinden würde. Eine Stille und
Schönheit lag über uns.

Die ersten Zähne …

Waren furchtbar. Keine Nacht mehr durch-
schlafen.

Das Einzige, was half, war Autofahren. Stundenlang bist du mit dem Baby im Auto durch die leere
Stadt gefahren.

Ich liebte dich und das Kind, wie ich vorher nie
geliebt hatte.

Abends zwischen sieben und zehn und am Wochenende und in den Ferien.

Du machst alles klein. Du hattest Hilfe. Du
warst nie eine unterdrückte Mutter.

Du hast recht. Du warst, nein – du bist ein guter
Vater.

Das erste Mal mit dir und dem Kind im Flugzeug. Das Baby bezirzte mit seinem Lächeln die
Stewardess. Es war unglaublich. Und ich fühlte
tatsächlich Stolz. Ich war stolz, weil mein Baby
eine fremde Frau unwiderstehlich anlächelte.
Verrückt. Wenn mir das jemand vorher erzählt
hätte …

Du und das Baby im Bett. Der große Mann und
das winzige Kind. Es hat immer seine langen Fin-

ger nach dir ausgestreckt, als wollte es dich impfen, als wollte es dir seinen Abdruck in die Haut
impfen.

Es hat funktioniert.

Es hat funktioniert.

Bedrohung

I

Der Armreif lag auf deinem Schreibtisch. Du hast ihn dort vergessen, hast wohl mit ihm gespielt, ihn aus Versehen aus deiner Tasche genommen. Oder war es Absicht? Wolltest du mir ein Zeichen geben? Nicht lange herumreden, das Ding für sich sprechen lassen?

Das hast du damals schon behauptet, dabei hatte er wirklich nichts zu bedeuten, wir saßen am Konferenztisch, haben die Aktionsstrategie besprochen, sie hat ihn abgezogen, weil er Lärm machte, jedes Mal auf die Tischplatte stieß. Später hat sie ihn vergessen, ich hab ihn eingesteckt und hab ihn dann auch vergessen. Wenn du nicht so eine Affäre daraus gemacht hättest, wäre es keine geworden.

Es war bereits eine, du wusstest es vielleicht wirklich noch nicht. Ich sah den Armreif und wusste
gleich, diese Geschichte wird eine Prüfung. Ich
habe es dir gesagt, du hast es nicht zugegeben, du
hast alles abgestritten.

Es gab noch nichts abzustreiten.

Mein siebter Sinn. Du hättest es ja lassen können.

Wenn einem andauernd erzählt wird, dass da
eine Affäre lauert, dann schaut man sich die an-
gebliche Affäre eben genauer an.

Man kann auch vorbeischauen und weitergehen.
Hast du aber nicht gemacht.

Nein, habe ich nicht gemacht. Aber du hattest
den Boden bereitet, sozusagen das Bett gemacht
mit deiner absurden Eifersucht, deinen Unter-
stellungen.

Das Bett? Ich musste damals jede Nacht aufstehen,
das Kind war krank, ich war am Ende mit meinen
Nerven. Du brauchtest ja deinen Schlaf.

Ich musste morgens um sechs aufstehen.

Ja, du musstest aufstehen, das Geld verdienen. Während der Geschichte mit dem Armreif brauchtest
du dann ja weniger Schlaf.

Es war eine Nacht.

Du bist nicht nach Hause gekommen. Wir hatten uns versprochen, dass wir das einander nie antun würden. Erinnerst du dich?

Ich hatte angerufen.

Deine Lüge habe ich sofort durchschaut. Am Morgen war von diesem Termin noch nicht die Rede gewesen. Ich wusste sofort, jetzt passiert es. Ich habe dick eingewickelt im Sessel gesessen und versucht zu lesen. Das Kind schlief durch. Zum ersten Mal seit drei Wochen. Ein einfühlsames Kind. Ich spielte alles durch: Scheidung, Selbstmord, Mord, Rache. Ich saß da und mir war kalt. Draußen waren 25 Grad, ich fror. Mir war schlecht. Mein Körper reagierte auf deinen Verrat. Ich ging ins Bad und sah im Spiegel ein Gespenst. Verrückt, dass sich das anfühlt, wie es in jedem Trivialroman beschrieben wird: Sie klapperte mit den Zähnen, als ihr der Betrug des Liebsten plötzlich klar und deutlich vor Augen stand. Ich klapperte mit den Zähnen.

Eine einzige Nacht. Ich habe dafür eine lange Buße getan.

Es waren zwei Nächte.

Anderthalb.

Stimmt, nach dem zweiten Mal bist du um drei Uhr morgens nach Hause gekommen.

Wir haben geredet. Ich wollte mich nicht benehmen wie ein blödes Chef-Schwein, das einmal mit einer Untergebenen vögelt und dann so tut, als sei nichts gewesen. Sie war jung. Und sie hatte sich in mich verliebt.

Ich war nicht mehr ganz so jung und wurde in diesen anderthalb Nächten sehr viel älter. Wie konntest du mir das antun?

Es tut mir leid. Ich habe bereut, ich habe vor dir auf den Knien gelegen, ich habe um Verzeihung gehechelt. Ich habe einen Fehler gemacht. Das kommt vor. Menschen machen Fehler. Ich weiß, Männer vor allem machen solche Fehler, manche Frauen aber auch. Nur du warst die Heilige.

Seltsam, dass wir das überstanden haben. Warum habe ich dich nicht verlassen? Aus Angst?

Oder aus Liebe?

Aus Liebe.

Sicher?

2

Ich habe ihn gehasst. Schon als ich das erste Mal seinen Namen hörte. Raphael. So heißt kein vernünftiger Mann. Dazu dieses Säuseln von dir. Raphael meint, er hat gesagt, Raphael ist sich sicher, er hat mir geraten, es mit Meditation gegen meine Rückenschmerzen zu versuchen, mit Akupunktur, mit vegetarischer Ernährung. Raphael findet meine Bilder interessant, er will sie ausstellen. Ich habe mit Raphael lange über unsere Probleme gesprochen.

Raphael sagt, wenn du nicht mit mir über unsere Schwierigkeiten reden willst, ist dir nicht zu helfen. Du hast eine Blockade, meint Raphael. Wir fahren am Wochenende mit der Yogagruppe in die Heide. Da gibt es dieses neue vegetarische Wellness-Hotel. Raphael hat nur Gutes darüber gehört. Ein Wochenende? Und wie soll das hier gehen? Ich muss arbeiten, meine Präsentation fertig machen. Du wirst das schon hinkriegen.

Raphael meint auch, ich muss mehr an mich denken. Und du kannst ja wohl ein Wochenende mal alleine bewältigen.

Was sollte ich antworten? Nein, kann ich nicht, will ich nicht. Jedenfalls nicht dieses Wochenende.

Das hättest du Raphael gleich erzählt, und er hätte dir eine noch tiefere Meditation über die Frage empfohlen, wieso du ein solches Arschloch wie mich überhaupt geheiratet hast. Und dazu deine Freundinnen aus der Malgruppe, aus der Yogagruppe. Ich kann mich noch gut an deren Blicke erinnern, wenn ich in eure Gesprächsrunde geplatzt bin, aus Versehen, weil ich vergessen hatte, dass Donnerstag ab 18 Uhr das Wohnzimmer verbotene Zone war. Die fanden doch auch, ich sei ein Idiot. Typisch Ehemann eben, unsensibel, egoistisch, karrieregeil. Raphael dagegen, das war der ganz andere, der neue Mann, ein Sensibilist, außerdem durchtrainiert, gutaussehend, jünger als ich, kein Übergewicht, kein Bauch. Das spielte auch eine Rolle. Oder nicht? Der engelhafte Raphael. Er brachte dir den Lotussitz bei. Das brauchte Zeit und Extrasessions, private, du und er allein im Übungsraum. Ich hab den ganzen Quatsch auch noch bezahlt.

Hast du nicht. Ich hab auch nur den halben

Lotussitz geschafft. Bist du fertig? Du redest den gleichen Unsinn wie damals. Er war jünger, er sah besser aus, sein Schwanz war größer. Noch was?

Ich weiß, in Wahrheit war es der Gleichklang eurer Seelen. Endlich der Mann, auf den du immer gewartet hattest. Er schrieb auch noch Gedichte, grottenschlechte.

Wenn du das beurteilen kannst.

Du musst zugeben, es gab kein Klischee, das der Typ nicht erfüllte.

Er war aufmerksam. Er hörte mir zu, er wusste nicht alles besser, er sah mich an, was du schon lange nicht mehr tatest. Er interessierte sich für mich. Ja, lauter Klischees. Na und?

Na und?

Das reicht.

Nein. Noch einmal.

3

Du wolltest nie wissen, wer es war und wann und wo. Das habe ich sehr an dir bewundert.

Du warst klug, obwohl du verletzt warst. Der Andere bekam für dich kein Gesicht, keinen Namen. Deswegen konnten wir weiter miteinander leben. Du hast all die Fragen nicht gestellt, die man gewöhnlich stellt: Was hat er, was ich nicht habe, warum hast du das gemacht, wann war das erste Mal, wie hat es sich angefühlt, was war anders, was konnte er besser – all die dummen Fragen, die nichts erklären, die Antworten, die nicht helfen, die nur noch mehr verletzen.

Oder warst du gar nicht verletzt? War es nur Desinteresse? War es dir egal?

Kann es einem je egal sein? Vielleicht habe ich dich nie mehr geliebt als in der Zeit deiner Geständnisse. Vielleicht habe ich dich verstanden? Vielleicht sah ich deutlicher, was ich lange nicht gesehen hatte: Wie schön du noch warst, wie reizvoll. Und wie selbstverständlich ich dich an meiner Seite gesehen hatte, wie undeutlich du mir geworden warst, je näher wir uns waren. Vielleicht wollte ich nichts wissen, weil ich fürchtete, du würdest mich verlassen, wenn der Andere zwischen uns mit seiner Gestalt und

einer Biographie Platz nähme. Wenn er damit
für dich ein möglicher Lebens-Mensch würde,
einer, der neben mir aufgestellt und mit mir ver-
glichen würde. Bis dahin hattest du die Liebes-
welten getrennt. Ich war trotz allem im Vorteil,
weil du mich nicht verlassen wolltest. Du wolltest nur mehr, als ich dir geben konnte, nein, als
ich dir gegeben hatte. Ich war verletzt, natürlich
war ich verletzt, ich hatte seltsamerweise nicht
damit gerechnet, dass du einen anderen Mann
treffen, ihn begehren könntest, ich dachte, wir
sind beide im ruhigen Liebesleben angekommen. Ich war gekränkt und enttäuscht und sah
in dir die Lügnerin, die du ja warst.

Und dann stellte ich mir mein Leben ohne diese
unehrliche Frau vor, diese diskrete Person, der es
gelungen war, mich zu betrügen, ohne dass ich
es gemerkt oder gespürt hatte. Denn ich hatte
ja wirklich nichts gespürt. Ich bewunderte dich
auch dafür, überhaupt bewunderte ich dich
wieder heftiger als all die Jahre davor. Ich achtete
deine Entscheidungen und vielleicht auch deine
Lügen, aber vor allem wollte ich kein Leben

ohne dich. Um keinen Preis der Welt. Meine Neugierde, mein Schmerz waren nicht so groß, dass ich das hätte in Kauf nehmen wollen. Und ich hätte es in Kauf nehmen müssen. Denn man weiß nie, welche Antworten man auf Fragen bekommt. Leicht kann da eine Entscheidung getroffen werden, die keiner will.

Du warst klug.

Das war ich wohl. Zum Glück.

»Das Beste, mein Kind, was ich dir wünschen kann«, sagt die Fee in Thackerays Rose und Ring, »ist ein klein bisschen Unglück.«

Zwischenspiel

Sie konnte sich nicht entscheiden, das dunkel‚
rote ausgeschnittene oder das schwarze hochge‚
schlossene Kleid, eher jugendlich farbenfroh
oder schlankmachend elegant. Das rote mit dem
schwarzen Seidenschal oder das schwarze mit dem
roten Schultertuch. Sollte dieses Abendessen eine
elegante oder eine eher legere Veranstaltung wer‚
den, ihr Mann ging wie immer »casual« und dachte
nicht über Kleidung nach. Sie hätte fragen sollen,
wie wird's denn dieses Jahr, was soll ich anziehen.
Stattdessen hatte sie wissen wollen, wer denn alles
kam.

Und als bei der Aufzählung sein Name fiel,
hatte ihr Herz schneller geschlagen. Albern. So
lange war das her.

Der Spiegel ist ihr nicht wohlgesonnen, wie sie

da in Unterhose und BH steht. Nicht dass sie dick ist, aber das Fett sitzt an den falschen Stellen. Immer war sie schlank gewesen, hatte nie eine Diät machen müssen, und dann – plötzlich – spielt die Waage verrückt, ein Kilo, zwei Kilos mehr, dann sind es schon fünf. Wenn sie ihr Gewicht jetzt mit dem vergleicht, das sie vor 20 Jahren hatte, kann sie es nicht fassen. Doch lieber das Schwarze. Hüftgold, hatte ihre Mutter gesagt, und dass sie das auch noch bekommen würde. Wie hatte sie als junges Mädchen ihre Mutter dafür gescholten, dass sie dick geworden war, dass die engen Röcke an ihr aussahen wie Wurstpellen. Dass man doch ein bisschen auf sich achten könne, es gebe genügend schlanke Frauen in ihrem Alter und zum Abiturball könne sie unmöglich das lange enge Kleid anziehen, »wie das aussieht, was sollen denn meine Freunde denken, wenn ich mit einer solchen eingewickelten Schwabbeltante ankomme«. Ihr Vater hatte gelacht und gesagt: »Warte mal, bis du älter bist, deine Mutter hat sich gut gehalten, du wirst noch daran denken.« Ihre Mutter war beleidigt aus dem Zimmer gegangen, hatte laut mit der Tür geknallt.

»Wenn ich so mit meiner Mutter gesprochen hätte, wenn ich mich das gewagt hätte, wäre der Ball für mich ausgefallen. Du bist einfach nur unverschämt. Du kannst auch gerne mit deinem Vater alleine gehen.«

Ja, sie war unverschämt gewesen. Ihre arme Mutter. Die damals immer noch eine strahlende Erscheinung war, mit der die Väter ihrer Freundinnen gerne tanzten. Der Hüftspeck – von Gold kann keine Rede sein –, den sie da im Spiegel sieht, ist die späte Rache ihrer Mutter. Wenn ich Zeit hätte, müsste ich sie jetzt anrufen. »Mutter, weißt du noch, vor meinem Abiball habe ich dich wegen dieser Ringe um deinen Bauch und die Hüften getadelt. Heute habe ich sie selber.« Inzwischen ist sie eine alte dünne Dame. Dahin kommt sie auch noch. Es dauert nicht mehr lange.

Sie quält sich in das neue figurformende Unterkleid. Es ist nicht damit zu rechnen, dass mich darin heute Abend jemand sieht. Niemand kann vorher-nachher begutachten. In ihrer Jugend waren solche Dinge verpönt, schon ein BH galt als frauenverachtendes Kleidungsstück. Selbst ihre

Mutter hatte sich von ihren Korsetts verabschiedet, »Triumph krönt die Figur« war vorbei, stattdessen trug sie ihren Körper, wie er war, und musste sich die Beleidigungen der Tochter gefallen lassen. Das Stützkorsett ist immer noch ausrangiert, Shape-wear klingt besser, macht aber dasselbe. Und ist genauso unbequem. Schlankstütz. Man schwitzt darin wie blöd.

Das geht heute Abend gar nicht. Durchge-schwitzt trete ich ihm gegenüber: Entschuldige bitte, auch ich bin älter geworden. Das braucht sie ihm nicht zu sagen, er wird es sehen.

Ihr Mann, der keinen Blick hat für ihre Hüf-ten, ist bei der Kleiderfrage keine Hilfe. »Welches, das oder das? Rot oder schwarz?« »Das Rote ist sehr hübsch.« »Aber sieht es nicht zu aufgetakelt aus mit dem Ausschnitt?« »Dann zieh doch das Schwarze an.« »Nicht ein bisschen zu elegant?« »Dann doch das Rote?« »Du bist eine große Hilfe.« »Du gefällst mir eben in beiden.«

»Danke schön.«

Hatte der Andere sich für ihre Kleider in-teressiert? Eher dafür, sie ihr auszuziehen. Das letzte Mal – sie erinnert sich genau – hatte sie ein schwarz-weiß gestreiftes Sommerkleid getragen.

Sie hatten sich am Flughafen getroffen, er wartete auf sie. »Wollen wir reden oder willst du gleich mit mir schlafen?« Es gab nichts mehr zu besprechen. Sie waren ins Hotel gefahren, ihr Kleid spielte keine Rolle. Sie wussten, es würde die letzte Nacht sein, sie hatte sich entschieden.

Es ging nicht, sie konnte nicht. Das Kind, die Firma, die Liebe zu ihrem Mann. Ja, die Liebe. Und das Versprechen »für immer«. Er konnte das nicht verstehen. Ihr fehlte ja vielleicht wirklich nur der Mut. Aber nie hat sie ihre Entscheidung später bereut, auch wenn sie oft an ihn gedacht, von ihm geträumt hat. Die Entscheidung war die richtige gewesen. Die letzte Nacht. Mehr als 20 Jahre ist das her. Sie war am nächsten Morgen mit dem Bus zum Flughafen gefahren, er hatte sie zur Haltestelle gebracht, sie auf die Wange geküsst, als wären sie flüchtige Bekannte. Durch die Fensterscheibe sah sie sein Gesicht, seinen traurigen, gar nicht vorwurfsvollen Blick, die erhobene Hand, die nicht winken wollte, nur ein hilfloses Zeichen war. Wenn er den Bus anhalten könnte, wenn der jetzt nicht führe, wenn seine Hand ein Stoppschild wäre … Aber der Busfahrer war losgefahren, sie mit ihm. Sie hatten einander nie wiedergesehen, kein Zeichen, kein Anruf, kein Brief. Immer wieder hatte sie von dieser letzten Nacht geträumt, in der sie mehrmals aufstand und sich kalt duschte, weil sie nicht einschlafen, jeden Augenblick erleben, seinen Schlaf bewachen wollte. Sie hatten einander mit einer letzten Entschiedenheit umarmt, sich ineinander verloren. Nie wieder hatte sie sich so sehr eins gefühlt mit einem anderen Menschen. Oder schönte die Erinnerung auch die Leidenschaft? Sie war dankbar, dass es ihn gegeben hatte und dass er sie ohne Drama hatte gehen lassen, wehmütig, dass es ihn nicht länger hatte geben können in ihrem Leben.

Vor ein paar Jahren hatte sie seinen Namen fast beiläufig und in Gedanken ins Suchfeld des Bildschirms eingegeben – und ihn gefunden. Sie war unsicher, aber dann schrieb sie ihm doch einen launigen Brief: Damals war's und weißt du noch und gerne denke ich daran zurück.

Furchtbar falsch war der Ton und sie bereute ihn schon, als er gerade abgeschickt war. Die Antwort ließ auf sich warten, kam schließlich, aber anders als erwartet, denn der arme Mann war ein anderer, hieß nur so wie er, war auch Arzt und offensichtlich unsicher, mit wem er es zu tun hatte, ob er nicht damals vielleicht oder vielleicht auch nicht, er habe in der Stadt zwar studiert, könne sich aber nicht erinnern, was nichts hieße, sein Gedächtnis sei nicht das beste, er vergesse sogar den Geburtstag seiner Frau, sie solle es ihm also bitte nachsehen, wenn da was gewesen sei vor langer Zeit und er sie vergessen habe, andererseits sei er sich über den Zeitpunkt ganz und gar im Unklaren. Der arme Mann wand sich und wusste nicht, wie er schreiben, was er tun sollte. Dabei war er einfach der Falsche und sie nie mit ihm im Bett gewesen. Die Sache war komisch und ihr eine Lehre.

Nun aber, plötzlich, aus heiterem Himmel, ohne Vorwarnung wird sie ihn wiedersehen.

Dieses Mal ist es der richtige Mann. Harmlos hatte sie die Freundin nach den anderen Gästen

gefragt, der und die, »Du weißt schon, sie kom⸗
men jedes Jahr zu meinem Geburtstag, und der
alte Freund mit neuer Freundin. Du kennst alle,
es kommt nur einer, der wird dir nichts sagen, ich
habe ihn voriges Jahr in Österreich kennengelernt,
auf dieser Gesundheitskur, die, für die man sehr
viel Geld zahlt, um dort sehr wenig zu essen, die
mich aber mindestens sechseinhalb Wochen ver⸗
jüngt hat. Wo wird man schon andauernd gefragt,
wie es einem geht, und auch noch jeden Tag be⸗
rührt, in unserem Alter lohnt das allein den Preis.
Jedenfalls habe ich ihn da getroffen, wir haben an
einem Tisch gesessen, später haben wir ab und zu
gemailt, freundlich und unverbindlich, da war
nichts. Ich hatte dir doch erzählt, dass da ein einzi⸗
ger Mann unter lauter Frauen war. Vor einem Mo⸗
nat war er schon einmal in der Stadt, wir trafen uns
auf einen Kaffee, haben unsere Nach⸗Mayr⸗Kur⸗
Sünden ausgetauscht und dabei zwei verruchte
Zigaretten geraucht. Jedenfalls ist er nun häufiger
wieder hier, operiert in einer Privatklinik, er wird
kommen, ein guter Mann, wenn du und ich nicht
bestens versorgt wären, könnte er uns gefährlich

werden. Macht seit Jahren Yoga. Ein Könner. Selten unter Männern.

Geschieden ist er übrigens auch, keine Ahnung, ob er auf freier Wildbahn pirscht oder in festen Händen ist, die Kur hatte er jedenfalls alleine gemacht. Du kannst dir gar nicht vorstellen, wie wir uns um ihn gerissen haben. Ich wollte, ich wäre einmal in so einer Lage.

Einzige Frau unter lauter Fußballspielern vielleicht, Profi unter lauter Amateuren, nein, Yogalehrerin im Managerseminar ...« Sie war dem Redeschwall der Freundin nur flüchtig gefolgt, sie kannte die Yoga-Glücks-Geschichten, die jetzt kommen würden, hatte es selber auch einmal damit probiert, war aber nach der zweiten Stunde geflohen, weil sie das goldene Licht einfach nicht sah und ihr das andauernde Nasengeatme auf die Nerven ging, aber dann – sie musste sich verhört haben – sagte die Freundin den Namen, den sie seit zwanzig Jahren nicht gehört, nicht ausgesprochen hatte. Seinen Namen. Wie heißt der Mann? Es gab keinen Zweifel, sie ließ ihn sich beschreiben, sagte, was für ein Zufall, vor 20 Jahren bin

ich ihm einmal über den Weg gelaufen, flüchtige
Bekanntschaft. Mal sehen, ob er sich an mich erinnert, bitte sag ihm nichts vorher …

Das rote oder das schwarze Kleid? Sie muss sich
entscheiden.

Sie hat sich also für das Rote entschieden, steht
ihr gut, aber wen will sie eigentlich beeindrucken?
Die alten Freunde ihrer Freundin sind doch keine
Sünde wert. Sie kommen außerdem mit ihren –
ebenso – älter werdenden Frauen, seit Ewigkeiten zum immer gleichen Anlass. Ein jährliches
Wiedersehen. Mal wird mit Kerzenleuchtern auf
elegant gemacht, mal trifft man sich leger am asi-
atischen Themen-Buffet. Nur dieser Fernsehtyp
wechselt die Begleiterinnen, die in dieser Runde
mitleidig aufgenommen werden, weil alle wissen,
auch die wird spätestens übernächstes Jahr nicht
mehr dabei sein. Er findet das prima. Jungs, wir
werden älter, die Frauen an unserer Seite sollten
jung bleiben. Oder nicht? Sein albernes Lachen
bei immer dem gleichen Witz. Alle Jahre wieder.
Letztes Jahr war's mir zu blöd. Jünger lässt dich

die Junge aber nicht grade aussehen, Alter, aber das weißt du sicher. Bald hält man die Dame an deiner Seite nicht mehr für deine Tochter, sondern für deine Enkelin, und ganz schlimm wird's, wenn man denkt, du hast deine persönliche Altenpflegerin dabei. Die Lacher gingen an mich. Er war beleidigt, weil ich seinen im Sportstudio mühsam getrimmten Körper mit Alter in Verbindung gebracht hatte. Er trug immer noch die Cowboystiefel der frühen Jahre. Jeder, was er will. Es haben eben nicht alle so ein Glück wie du mit deiner Frau. Das sollte als Kompliment durchgehen, war in Wahrheit aber eine Spitze. Wie konnte eine solche Klassefrau sich mit einem wie dir einlassen. Das fragt er sich seit dreißig Jahren. Hat er nicht gesagt, aber gemeint, außerdem weiß ich, dass er sich vor zehn Jahren eine Abfuhr geholt hat, weil meine Frau eben meine Frau ist – und bleibt.

Sie ist immer noch attraktiv, stellt die 15 Jahre Jüngere in den Schatten. Ich kenne sie so gut, ich bewundere sie. Ich liebe sie. Wir lieben uns immer noch. Ein wirkliches Wunder. Ich gönne ihr die letzten Jahre weiblicher Reize, obwohl sie nicht mehr so glänzend und ohne Anstrengung hervorzuzaubern sind. Die Zeit im Badezimmer zieht sich. Um die Hüften ist sie rund geworden, ich mag das, kann diese dürren Diät-Tanten nicht leiden, die nur von hinten jung aussehen. Von hinten Lyceum, von vorne Museum. Hat meine Großmutter in solchen Fällen gesagt, wobei es diese Fälle nur selten gab. Die Nachbarsfrau, die zu grelle Farben trug, war so eine in ihren Augen oder später die Frau vom Bezirksschornsteinfeger, die viel zu kurze Röcke trug. Faltenunterspritzen und Fettabsaugen gab es damals noch nicht. Die erste war Hildegard Knef, meine Eltern schauten samt Großmutter eine Talkshow im Fernsehen und konnten es nicht fassen, wie kann man sich ohne Not unters Messer legen, nur um jünger auszusehen. Heute ist das normal. Ich erinnere mich an San Francisco, im Kaufhaus suchte ich ein Mitbringsel, streifte zwischen den Kosmetikständen umher und hatte das Gefühl, die Verkäuferinnen seien alle einem einzigen Nest entsprungen oder waren in der gleichen Klinik für plastische Chirurgie Kundinnen: Glatte blonde Haare, halblang

offen oder zum Pferdeschwanz gebunden, über-
schlank, faltenlos. Botox to go. Gespenstisch.

Sie hat eine Stunde im Bad gebraucht und um
die Kleiderfrage hat sie ein Theater gemacht, als
wären wir im englischen Königshaus eingeladen
und nicht beim alljährlichen Geburtstagsessen
ihrer alten Freundin. Ist das der Mangel an Gelegenheiten? Die Freunde unseres Sohnes finden sie
beeindruckend, vielleicht auch noch schön, aber
unter erotischen Gesichtspunkten ist sie da abge-
schrieben. Ihre Kollegen sind altbekannt, unsere
Freunde sind es auch. Wann und wo kann sie noch
die Blicke auf sich ziehen? Ich bin kein Ersatz für
die Bewunderer früherer Tage.

Sie kamen als Paar und sie gingen als Paar. Als
gutaussehendes, aufeinander eingespieltes Paar. Er
half ihr aus dem Mantel, sie lächelte ihn dankbar
an, als er ihr den Stuhl zurechtrückte. Auch wenn
dieses Lächeln nicht in erster Linie ihm galt. Ihr
Tischnachbar nahm sie in Beschlag, ein neuer Gast
in der altbekannten Runde, mit dem sie seltsam
vertraut redete. Er sah ihr Strahlen, ihre Hand auf

dem Arm des fremden Mannes, das rote Kleid – jetzt verstand er die lange Prozedur. Sie hatte vom Fremden in der Runde gewusst. Aber war er wirklich ein Unbekannter? Früher hätte er darüber eifersüchtig nachgedacht und jede ihrer Bewegungen bewacht. Heute gönnte er ihr das Vergnügen, denn dass sie ihrem Tischnachbarn gefiel, das sah man.

Auf dem Nachhauseweg erzählte sie von diesem Neuen in der vertrauten Runde, den sie von früher flüchtig kannte, bei einer Freundin in Köln hatte sie ihn vor Jahren getroffen, ein charmanter Mann, ein junger Arzt, sie hatte mit ihm einen Abend lang geredet, ihn später bei der Freundin ein zweites Mal getroffen. Da war er schon verheiratet, inzwischen ist er geschieden, hat Karriere gemacht. Immer noch charmant. Mal sehen, ob er nächstes Jahr noch dabei ist.

Im Bett denkt sie an die seltsame Begegnung. Das war der Mann, der ihr geschrieben hatte, er würde sich ein Leben lang auf die Lauer legen, bis sie alt und krank ihm endlich in die Hände fiele. Das war der Mann gewesen, von dem sie immer wieder geträumt, dessen Abschiedsblick sie verfolgt hatte. Das war der Mann, der alles tun wollte, damit sie ihren Mann verlassen und zu ihm kommen würde. Das war der Mann, der verzichtete, weil er einzig ihr Glück wollte. Das war der Mann, an den sie sich in traurigen Momenten erinnerte, dessen Bild stand für das wahre, das verpasste Leben …

Vielleicht war sein Handzeichen, denkt sie auf einmal, damals ganz anders gemeint. Vielleicht hätte er den Bus niemals gestoppt, damit sie aussteigen, bei ihm bleiben würde, vielleicht hatte diese seltsame Haltehand ihr vielmehr sagen wollen, bis hierher und nicht weiter. Vielleicht war er froh gewesen, dass sie endlich aus seinem Leben verschwand.

Er saß neben ihr. Ein netter Mann, der mit ihr flirtete, der von seiner neuen Klinik erzählte, seiner geschiedenen Frau, seinem faulen Sohn, seinem anstrengenden Leben, seinem letzten Urlaub auf Rügen und seiner neue Golf-Leidenschaft. Der dann doch plötzlich innehielt, als sei ihm plötzlich eingefallen, dass sie ihm einmal mehr gewesen war, und freundlich fragte: Und was machst du, wie hast du die letzten 20 Jahre verbracht? Da hatte sie lachen müssen, danke gut, gesagt und dass sie noch nicht alt und krank sei, aber dass das ja nun offensichtlich auch keine Rolle mehr spiele. Außerdem sei es ein wirklich schönes Gefühl, sich nicht getäuscht, die richtige Entscheidung getroffen zu haben. Wenigstens einmal im Leben – da sei sie nun sicher. Und deswegen, ja, auch deswegen ginge es ihr gut, und dieser Abend sei doch wirklich gelungen.

Er hatte sie weiter angelächelt, verstand ihren seltsamen Ausbruch offensichtlich nicht. Ob er – hatte sie noch hinzugefügt – diesen Satz kenne, den angeblich die Schauspielerin Ingrid Bergman auf die Frage nach einem Rezept für ein glückliches Leben gesagt haben soll: Gesund sein und ein schlechtes Gedächtnis haben. Das war eine kluge Frau. Ich habe mich sehr gefreut, dich einmal wiederzusehen. Alles Gute wünsche ich dir. Wir sehen uns dann ja vielleicht im nächsten Jahr auf Livs Geburtstagsfeier wieder.

Er hatte ein früheres Treffen vorgeschlagen, sie könnten doch einen Kaffee zusammen trinken. Und

sie hatte »Warum nicht‹ gesagt. Dann war sie aufgestanden, hatte sich zu ihrem Mann gestellt, ihm
zugeflüstert, sie müsse jetzt und ausnahmsweise
einmal eine Zigarette rauchen. Als er mit ihr hin-
ausging, mit ihr rauchte und ihr und sich selber ins
Gewissen redete, das dürfte aber nicht wieder zur
Gewohnheit werden, hatte sie ihn geküsst und zum
zweiten Mal lachen müssen, jetzt über seinen rat-
losen Blick angesichts ihrer überraschenden Umarmung. Und dann hatte sie ihm auch den Satz der
Schauspielerin gesagt.

Später und vorsichtig und langsam und mit
vertrauter Leidenschaft hatten sie sich geliebt, was
nicht mehr so häufig vorkam, aber immer noch
und immer wieder schön war. Und er hatte geflüs-
tert, ich bin froh, dass du gesund bist und dass du
ein schlechtes Gedächtnis hast, das ist für mich ja
auch von Vorteil. Als er einschlief, schmiegte sie
sich an ihn und lächelte, obwohl ihr Gedächtnis
noch ganz in Ordnung war.

»Man redet oft von verheilten Narben der Seele, was eine vage Parallele zur Pathologie der Haut impliziert, aber es gibt nichts dergleichen im Leben des Einzelnen. Es gibt nur offene Wunden, die zwar manchmal zu einem Nadelstich schrumpfen können, aber trotzdem noch Wunden bleiben. Die Zeichen des Leidens lassen sich vielleicht eher mit dem Verlust eines Fingers oder eines Auges vergleichen. Auch die vermisst man vielleicht im ganzen Jahr kaum eine Minute, aber wenn man sie vermisst, kann niemand etwas dagegen tun.«

Trennung oder Nicht-Trennung

I

Eine Scheidung in unserem Alter ist absurd. Wozu soll das gut sein. Kostet nur Geld. Dich übrigens auch.

Das ist mir egal. Ich möchte eine deutliche Trennung. Mein Leben ist noch nicht zu Ende. Entschuldige, du bist 68 Jahre alt, der Traumprinz auf dem weißen Pferd wartet nicht mehr an der Ecke. Wir kommen gut miteinander aus, wir gehen uns nicht auf die Nerven, wenn wir uns sehen.

Wir leben schon seit Jahren nicht mehr zusammen, du schaust ab und zu vorbei und spielst Familienleben, wenn die Kinder zu Weihnachten kommen. Das ist absurd. Die meiste Zeit lebst du alleine und ich auch. Du spielst in der Großstadt den ewigen Womanizer, auch wenn das in deinem Alter höchst lächerlich ist, aber das geht mich nichts an. Ich lebe hier, habe meine Freunde, singe altersgerecht im Chor und fühle mich ohne dich absolut vollständig.

Wozu also noch eine Ehe aufrechterhalten, die lange schon keine mehr ist.

Wozu eine bürokratische Aktion starten, die absolut unnötig ist. Das Haus kannst du dir dann nicht mehr leisten. Das muss dir klar sein.

Das interessiert mich nicht. Ich möchte einfach klare Verhältnisse und die letzten Jahre meines Lebens das sein, was ich sowieso schon lange bin, nämlich eine alleinstehende Frau. Und: Woher willst du wissen, dass es den Märchenprinzen für mich nicht doch noch gibt, auch wenn er nicht mehr auf dem Pferd, sondern vielleicht mit dem Rollator vorbeischaut. Das macht mir gar nichts …

Jetzt muss ich lachen.

Fangen wir noch mal an?

Trennung oder Nicht-Trennung?

2

Ich habe mich in eine andere Frau verliebt. Ich
möchte die Scheidung.

Was hast du? Dich verliebt? Du bist 73 Jahre alt.
Und? Da verliebt man sich nicht mehr?

Da verlässt man seine Frau nicht um einer anderen willen. Das hatten wir doch alles schon.

Und wir haben uns nie getrennt, sondern alles
und alle überstanden. Oder nicht?

Ja, aber jetzt ist es anders. Ich will nichts mehr
überstehen. Ich habe nicht mehr viel Zeit, ich will
die letzten Jahre meines Lebens glücklich sein.
Wir beide sind schon lange nicht mehr glücklich,
sondern höchstens zufrieden. Ich will dich nicht
verletzen, aber ich glaube auch gar nicht, dass es
dich verletzt, wenn ich nicht mehr da bin. Wenn
der Hund stürbe, wäre es für dich ein größere Ka-
tastrophe.

Was redest du für einen Unsinn. Ich liebe dich.
Ich habe dich immer geliebt. Heute natürlich
anders als früher, auf jeden Fall werde ich sehr
unglücklich sein, wenn du dich von mir trennst.

Ich werde leiden. Vielleicht werde ich mich umbringen. Ich will nicht leben ohne dich.

Das hast du mir das letzte Mal vor genau 18 Jahren gesagt. Jetzt ist es zu spät.

Es ist nie zu spät. Ich werde kämpfen.

Ich werde ausziehen.

Das geht zu schnell.

Noch einmal …

Und richtig schön. Bitte.

Ich versuche es.

So wie es sein sollte.

3

Ich liebe dich immer noch. Ich sehe, wenn ich dich anschaue, die, die du einmal warst.

Aber wie, wie liebst du mich heute? Die Leidenschaft ist verschwunden.

Ja, das ist schade, aber nicht zu ändern. Alles hat seine Zeit. Und wir haben unsere immer noch, die gemeinsame Zeit. Ich begehre dich nicht mehr wie früher, aber ich liebe dich heftiger als damals. Mit der ganzen Kraft meines Herzens.

Woher kommt dieses Pathos plötzlich? Die Kraft deines Herzens hat zugenommen, je geringer die deiner Lenden wurde?

Wenn du es prosaisch und mit weiblicher Überlegenheit und Bosheit ausdrücken willst, ja, vielleicht hast du gar nicht so unrecht. Das ist doch eigentlich eine gute Sache, gehen und kommen und vor allem bleiben. Je länger wir miteinander leben, desto glücklicher bin ich über die Entscheidung meiner Jugend. Ich weiß jetzt, was ich damals nicht wissen, nur hoffen konnte, dass du die richtige, die einzige Frau warst, die, die mir bestimmt war.

Und fragst du dich nie, ob du auch der richtige Mann für mich warst?

Ich war vielleicht nicht der, der dir immer genügen konnte, welcher Mann kann das schon für eine Frau sein, aber ich war der Richtige, der, der blieb, der, bei dem du geblieben bist. In guten und in schlechten Tagen. Kein Drama hat uns wirklich aus der Bahn geworfen. Wir sind beieinander. Einen größeren Sieg gibt es doch nicht.

Das alte Paar als Heldenfiguren?

Ja, die sind wir: die wahren Helden der Liebe. So

wie wir wollen es eigentlich alle schaffen, auch die, die scheitern und auf der Strecke bleiben, die später schlecht voneinander und miteinander gar nicht mehr sprechen. Vorausgesetzt natürlich, du liebst mich so heldenhaft wie ich dich.

Ja, ich liebe dich wie du mich. – Wir werden uns nie verlassen?

Nein, so lange wir leben, werden wir uns nicht verlassen. Uns trennt nur noch, wie wir es einander damals versprochen haben: der Tod.

Wunderbar. Wirklich schön.

Ja. Wir enden wie Philemon und Baucis.

Einen besseren Schluss kann es nicht geben.

Es ist aber der schwerste.

Nachspiel

Der Mann

Die Blumenfrau will ihren Laden gerade schlieꞵen, als er abgehetzt zur Tür hereinstürmt und ihr einen wirklich guten Umsatz beschert, den sie gebrauchen kann, denn seitdem der Pflanzen‑Discount nur eine Straßenecke weiter eröffnet wurde, kommt sie gerade noch so über die Runden. Wie lange das noch so gehen kann, darüber zerbricht sie sich jeden Abend den Kopf. Die Vorstellung, ihre Pflanzen im Stich zu lassen, ihre Sträuße nicht mehr binden zu können und stattdessen in einem solchen Billig‑Blumenladen angestellt zu sein, versetzt sie in einen derart untröstlichen Zustand, dass kein noch so heiteres Fernsehprogramm, kein Restaurantbesuch, kein Kino, kein Musical, keine

Umarmung, einfach gar nichts dagegen helfen kann.

Ihr Mann macht sich Sorgen, weil sie sich sorgt, er weiß, dass sie es nicht aushalten würde, könnte sie nicht mehr die schönsten Sträuße der Stadt binden, nicht mehr mit ihren Pflanzen sprechen und leben. Er schlägt einen Internet-Versand vor, einen Blumenbringdienst, der die schönsten und frischesten Sträuße nach Hause liefert. Aber sie will davon nichts wissen, nichts anderes haben als den Laden der Eltern, die schon Floristen waren, und das mit Leib und Seele wie sie. Blumen sind keine schnell verderblichen Waren, wenn man richtig mit ihnen umgeht, diesen Satz hat sie von Kindesbeinen gehört und gibt ihn weiter an die Kunden, die ihr die Treue halten oder wie dieser späte Kunde zufällig ins Geschäft kommen, weil ihre Blumen leuchten und leben. Sie erklärt geduldig, dass es mit Anschneiden allein nicht getan ist, jeden Tag das Wasser gewechselt und mit einer Prise Zucker angereichert werden muss. Dass überhaupt Pflanzen geliebt werden wollen wie Tiere oder Menschen »oder wenn Ihnen ›geliebt‹ ein zu großes Wort ist, sagen wir ›be-

achtet‹, mit Sorgfalt behandelt. Schnittblumen haben ein kurzes Leben, da sollte man es ihnen doch
schön machen. Schauen Sie nicht so zweifelnd, ich
bin ganz und gar nicht esoterisch, nur Floristin mit
ganzem Herzen. Meine Blumen sind doch wirklich
besonders schön. Oder nicht?«

Der Mann ist froh, dass ihn das leuchtende Weiß
ins Geschäft der freundlichen Frau geführt hat.
Eigentlich wollte er in den Blumendiscounter, um
den Strauß noch rasch zu kaufen, den er beinahe
vergessen hätte an diesem Abend, obwohl er den
ganzen Tag daran gedacht hatte, ihn zu besorgen
oder von der Sekretärin in Auftrag geben zu lassen,
was ihm aber dann doch zu stillos vorgekommen
war, die Blumen für den 30. Hochzeitstag musste
er selber aussuchen.

Er hatte diese glänzenden langstieligen Rosen im
Schaufenster gesehen. Gerade wollte sie schließen,
als er hereinstürzte, die nette Verkäuferin, von der
sich bald herausstellt, dass sie die Eigentümerin
ist. Sie hatte schon die Nachtbeleuchtung ange-
schaltet, vielleicht wäre ihm der riesige Strauß,
angestrahlt von farbigen LED-Leuchten, im Vor-

beihasten sonst gar nicht aufgefallen. Dass es genau dreißig Rosen waren, das war einer dieser Zufälle, die sein Eheleben begleitet haben. »Das ist kein Zufall, die haben hier auf Sie gewartet.« Die Blumenfrau freut sich, Ende Februar sind Rosen teuer. Es sei aber nicht nur das gute Geschäft zu später Stunde, dass sie ihm und vor allem seiner Frau nun eine Freude mache mit diesen Blumen, dass der Strauß seine Erfüllung gefunden habe, das freue sie. »Ihre Frau wird glücklich sein, so einen Strauß bekommt man nicht alle Tage.«

Während sie die weißen Rosen mit Gräsern besonders schön bindet, erinnert er sich, dass seine Frau bei ihrem ersten Treffen ein weißes Kleid getragen hatte. Es war nicht wirklich das erste Treffen, vielmehr ein Wiedersehen nach langer Zeit. Sie trug ein enges weißes Kleid mit einem U-Boot-Ausschnitt, er erinnerte sich genau, dass sie diesen Begriff benutzte, von dem er noch nie gehört hatte. Er interessierte sich nicht für Mode. Sie verdiente damit ihr Geld. Sie kannten sich aus der Schule, kurz vorm Abitur war sie in die Klasse gekommen, ein schönes Mädchen, vielleicht ein wenig zu selbstsicher. Er hatte nicht viel mit ihr zu tun, mochte sie ganz gerne, wie man hübsche Mädchen eben gernhat, weil man sie gerne anschaut. Sie war nicht dumm, oberer Notendurchschnitt, legte sich mit Lehrern an, einmal war sie zum Direktor gegangen, weil der Mathematiklehrer eine Mitschülerin beleidigt hatte. Nie hatte er aber gedacht, mit der würde er gerne zusammen sein oder wie könnte er es anstellen, dass sie sich für ihn interessierte. Sie war nicht seine Liga. Und das war ihm egal. Angeblich war sie mit einem 30jährigen verlobt. Mit achtzehn verlobt, das schien ihm damals ebenso spießig wie bewundernswert, überhaupt verlobte sich damals niemand mehr. Aber er hatte auch nie gefragt, ob sie wirklich verlobt oder die Sache nur ein Schülermärchen war. Sie hatten nie privat miteinander geredet, beim Abiturball nicht miteinander getanzt und sich nach der Schule sofort aus den Augen verloren, natürlich hatten sie das, sie hatten ja nie ein Auge aufeinander geworfen.

Und dann liefen sie einander im wahren Sinn des Wortes in die Arme. Sie in diesem weißen

Kleid, gebräunte Haut, große Sonnenbrille, hatte ihn zuerst erkannt und sich offensichtlich gefreut, ihn zu sehen. Seltsamerweise hatte sie sich gefreut. Er war erstaunt über ihre Begeisterung, die ihn mit-zog ins nächste Café, obwohl er eigentlich keine Zeit hatte, die Mutter wartete, er war überhaupt nur wegen seiner Eltern in der Stadt, dem Vater ging es nicht gut, er hatte versprochen, die Apotheken-bestellung abzuholen. Aber ein Kaffee, das musste doch gehen. Natürlich ging es um die alten Lehrer, die Mitschüler, um ihre jeweiligen Universitäts-städte, die Wahl der Studienfächer. Irgendwann fragte er, ob sie verheiratet, ob aus der Verlobung etwas geworden sei. Sie lachte, erzählte von einem Spaß. Mit siebzehn hatte sie sich in Berlin verlobt. Sie besuchte dort Verwandte, und den Jungen hatte sie im Bus kennen gelernt. Sie waren ins Kaufhaus gegangen, hatten vorgedruckte Verlobungsanzeigen gekauft und sich ein Heidenvergnügen daraus ge-macht, die Briefe an alle Verwandten und Freunde zu schicken.

Eine Woche habe ihre Liebe gedauert. Sie fuhr nach Hause, den Zettel mit seiner Adresse hatte sie verbummelt, nie wieder von ihm gehört. Ihr Vater hatte allerdings eine Riesenszene gemacht, ob sie sich ihre Zukunft zerstören wolle, erst einmal Schule und Ausbildung, danach kannst du an Verlobung denken, wer ist der Kerl, kaum lässt man dich alleine in die Welt, machst du diesen Schwachsinn. Sie grinste, konnte das Lachen nicht unterdrücken. Das brachte ihren Vater noch mehr in Rage, der, als sie den Scherz aufklärte, das trotzdem nicht komisch fand. Er schickte sie zu jedem, dem sie eine Anzeige geschickt hatte, um sich persönlich zu entschuldigen. Nach der dritten Tante hatte sie aufgehört, die Sache hatte sich sowieso herumgesprochen. In der neuen Schule, auf die sie wechselte, weil sie auf dem naturwissenschaftlichen Zweig das Abitur nie schaffen würde, wurde wohl nur die Hälfte der Verlobungsgeschichte kolportiert. Sie hatte keine Ahnung, dass damals das Gerücht über sie kursierte. »Ich war da mit einem sieben Jahre älteren Grafiker zusammen. Linker SPDler, der, weil er einen Artikel in der Zeitung gelesen hatte, dass die armen Studenten keine Zimmer fänden, in seinem Atelier einen Schlafplatz einrichtete. Der Menschenfreund nahm eine hübsche bettenlose Studentin auf, die irgendwann lieber in seinem Bett als auf der Matratze im Atelier schlief. Das war dann meine Geschichte mit dem Grafiker. Von Verlobung konnte da wirklich keine Rede sein.« Die Zeit verging, sie erzählte, er hörte zu, fühlte sich wohl, ganz ohne Hintergedanken – wie damals. Er fand sie nett. Er schaute sie gerne an. Mehr nicht.

Seine langjährige Freundin hatte ihn gerade verlassen, weil er an ernsthaften Zukunftsplänen nicht interessiert und sich außerdem heftig und chancenlos in eine fünf Jahre ältere Assistentin verguckt hatte. Sie war in den verheirateten Professor verliebt und obwohl der zu ihr ziemlich unfreundlich war, er dagegen den netten Kerl gab, sie ihn deswegen eigentlich hätte bevorzugen müssen und das auch gerne wollte, klappte es nicht. Eine gemeinsame Nacht ging schrecklich daneben, sie zog sich wieder an, er fuhr sie mitten in der Nacht nach Hause. Es tat ihr leid, aber es ging nicht, sie wollte einfach den Anderen. Dafür hatte er seine Freundin gehen lassen.

Er war gekränkt und sich immer noch sicher, dass die Schöne, die ihn verschmäht hatte, die Richtige gewesen wäre, dass er nun die Chance seines Lebens verpasst hatte (und sie die ihre), als er da seiner alten Schulkameradin gegenübersaß und sich nach langer Zeit einfach nur wohl fühlte. Dass mehr daraus wurde, dass sie die Frau seines Lebens, dass aus der zufälligen Begegnung, dem heiteren Beisammensein so viele Jahrzehnte werden würden, war verrückt und nicht vorgesehen. Jedenfalls nicht von ihm. Sie hat später behauptet, es sei ihr sofort klar gewesen, schließlich habe sie ihn nach der Wiederbegegnung nicht umsonst zu ihrem Geburtstag eingeladen und dafür gesorgt, dass er am Ende mit ihr allein und als Letzter in der Küche stand und die Gläser spülte. Das tat sie sonst immer am Morgen danach.

Es ist gut so, wie es ist. Wie es gewesen war und sein wird. Der Strauß jedenfalls ist wunderschön und die Blumenfrau besonders freundlich. Er wird sie weiterempfehlen. Gleich morgen wird er seine Sekretärin anrufen, er hat einen Auftrag für sie. Aus dem einen erwächst ein nächster, der Laden ist nicht gerettet, nein, aber er steht immerhin auf sicheren Beinen. Ein Jahr später ruft er an und bestellt wieder weiße Rosen: 31.

Das Leben und die Liebe bestehen aus Zufällen, denkt er, manchmal aus glücklichen.

Die Blumenfrau denkt das auch.

Immer und ewig

Liebeskampf

»Es wird empfohlen, während der gesamten Behandlungszeit auf Geschlechtsverkehr zu verzichten.«

Das hatte er ihr nicht gesagt. Er kannte sich doch aus, war schon einmal hier gewesen.

Paradiesisch sei es in diesem indischen Ressort, selbst das vegetarische Essen erträglich.

Sie würde begeistert sein. Er war aus dem Schwärmen nicht herausgekommen. Und hatte ihr die Reise zum dritten Jahrestag geschenkt. Er sagte: Wer hätte gedacht, dass wir es so lange miteinander aushalten, und meinte: dass ich es so lange mit dir ausgehalten habe. Das war ja bisher nicht seine Art gewesen. Drei Jahre mit derselben Frau. Wahrscheinlich liegt's an deinem Namen. Anna. A wie Anfang und A wie alles. Er hatte nicht ge-

145

sagt, von vorne wie von hinten. Jeder ihrer Männer hatte noch irgendwann das Schwitters-Gedicht zitiert. Alle kannten sie sich aus mit Merz und Literatur. Er nicht.

Es war wirklich wunderbar hier. Er hatte nicht übertrieben. Jedes Haus mit eigenem Patio, das Bad unter freiem Himmel, die Terrasse mit Meerblick, eine riesige Gartenanlage, der Swimmingpool umrahmt von üppigen Blumen, auf den Dächern turnten Affen herum. Die erste Massage hatte sie in eine Art heiteren Schwebezustand versetzt. Sie fühlte sich wirklich wie im Paradies.

»Hast du das gelesen?«

»Was?«

»Kein Sex während der Ayurvedakur.«

»Ich glaube nicht, dass dir das viel ausmacht.«

Er räumte seine Sachen in den Schrank, schaute sich nicht zu ihr um.

»Aber dir vielleicht?«

»Nein, das geht schon in Ordnung. Muss die nächsten zwei Wochen nicht sein. Mach dir mal keine Sorgen.«

Sorgen hatte Anna sich am Anfang gemacht.

Der Mann war begehrt, »klassischer Fall von Bin-
dungsunfähigkeit«, hatte ihre Freundin die neue
Bekanntschaft eingeordnet. »Er hat mir ernsthaft
erklärt, er sei ein überzeugter Junggeselle. Wer
sagt denn noch so was?« »Muss er aufpassen, dass
er nicht als Hagestolz endet.« Als was? »Das Wort
kennt er bestimmt nicht.« Die beiden Frauen
machten sich auf seine Kosten lustig. Noch ging
das. Die Sache schien ihr nicht ernst, nicht mehr
als ein leichtes Spiel, auch wenn sie da schon
dachte, das wollen wir doch mal sehen. Er gefiel
ihr gut. Sein Körper, seine Stimme, die Art, wie
er ging. Seine Hände mochte sie besonders. Der
Kampf gefiel ihr auch. Natürlich passten sie nicht
zusammen. Eine Affäre mit einem völlig unin-
tellektuellen Mann schien ihr gerade das Richtige
nach dem letzten Liebesgezerre, das damit endete,
dass sie beide um die Universitätsstelle konkurriert
hatten, die ihr Freund schließlich bekam. »Das
bringt unsere Beziehung nicht in Gefahr. Oder?
Da stehen wir doch drüber.« Sie hatte ihm über
die Schulter gespuckt und er ihr, als sie die Bewer-
bungsunterlagen in den Briefkasten steckten. Wir

können das trennen. Konnten sie dann doch nicht. Aber vielleicht waren sie sowieso nur gerade am Ende angekommen.

Kennengelernt hatte sie ihn beim Zahnarzt. Sie saß im Wartezimmer mit schmerzverzerrtem Gesicht und angstgeweiteten Augen. Als sie 15 war, hatte ihr ein brutaler Stümper alle vier Weisheitszähne auf einmal gezogen, »wenn wir schon mal dabei sind«, seitdem hatte sie panische Angst vor Zahnärzten. Sie schob den Besuch so lange hinaus, wie es nur ging. Und nun ging es nicht mehr. Ihre Backe war angeschwollen, der Schmerz klopfte bis in den Hinterkopf.

»Der Kollege ist ein Könner. Ich säße sonst nicht hier neben Ihnen.« Sie hatte ihn nicht gesehen, nahm überhaupt nichts wahr, versuchte sich zu konzentrieren auf das Unausweichliche, von dem sie nicht wusste, wie sie es überstehen sollte. »Sie gehen da jetzt rein, ich lasse Ihnen den Vortritt und zur Belohnung lade ich Sie zum Essen ein. Ist das ein Deal? Ich hole Sie morgen Abend ab, da ist die Backe wieder abgeschwollen. Versprochen.«

In einem anderen Zustand hätte sie über so viel Selbstsicherheit nur gelacht, und der Mann wäre abgeblitzt. Aber sie war nicht zurechnungsfähig, er hätte ihr eine Radtour auf die Zugspitze in Aussicht stellen können. Sie hätte auch dazu genickt, und als er sich dann noch vor sie stellte und sagte »Machen Sie mal den Mund auf«, kam ihr die ganze Szene so absurd vor, dass sie auch das tat. »Hey, schnappst du mir die Patienten jetzt in meinem Wartezimmer weg?« Die Tür zum Purgatorium war aufgegangen. »Nein, nur die hübschen.«

Am nächsten Abend stand er vor ihrer Tür. Ein Zahnarzt, sie fasste es nicht. Wo er ihre Adresse herhatte, wieso er sich sicher war, dass sie seine Einladung ernst und angenommen hatte. Sie staunte. Der Mann kannte keine Selbstzweifel. Ihre Abneigung gegen Zahnärzte lachte er weg. »Es gibt eben gute und schlechte. Ich bin ein guter. Wenn auch kein promovierter. Dafür hat meine Zeit nicht gereicht. Ich wollte Geld verdienen.« Er hatte Humor und Geschmack. Sein Interesse für ihr Fachgebiet hielt sich in Grenzen. »Promo-

vierte Althistorikern. Kann man davon leben?«
»Das nun gerade nicht, falls Sie also einen Job
wissen, der auch noch gut bezahlt wird, sagen Sie
Bescheid.«

Das Geplänkel des ersten Abends. Das Restaurant war gut und teuer, sein Anzug maßgeschnei-
dert, Anna kam sich vor wie die arme Verwandte.
Immerhin trug sie das grüne Armani-Kleid, das sie
secondhand gekauft hatte. Es stand ihr besonders
gut. Er bestellte Champagner. Darunter machte er
es nicht. Irgendwann fiel der Junggesellensatz. Er
klang wie eine Warnung: Vorsicht. Ich bin nicht
zu haben. Spätere Reklamationen hiermit ausge-
schlossen. Da musste sie lachen. Ein Zahnarzt, der
jedes Klischee erfüllte: wechselnde Affären, teure
Uhr, teures Auto, teure Wohnung. Die lernte sie
erst am zweiten Abend kennen, sie wollte nicht sofort mit ihm ins Bett. Mehr Champagner musste
fließen. Sie konnte danach sagen, ich war einfach
betrunken.

Später hat sie sich oft gefragt, warum sie sich
auf das Spiel eingelassen, warum sie am Anfang
so getan hatte, als sei sie wie er auf eine Affäre aus,

grundsätzlich nicht an Bindung interessiert. Warum sie sich überhaupt auf einen Mann eingelassen hatte, dessen Beruf sie verabscheute, der ihre Interessen bestenfalls für ein Hobby hielt. Nur, weil sie die Nase voll hatte von engstirnigen Altphilologen ohne Geld, für die ein Kinobesuch einer Reise zum Mond gleichkam? Er ging doch auch nicht gerne ins Kino, dafür begleitete sie ihn auf den Zahnarztball und die Fachtagung nach Bad Honnef, später auf die Fortbildung in Budapest. Bis sie dann aufhörte, mitzufahren und mitzureden – mit den Kollegen und vor allem ihren Frauen, die entweder auch Zahnärztinnen oder wenigstens Zahnarzthelferinnen waren. Da hatte sie ihn aber schon bekehrt, wie er das ausdrückte, vom Junggesellen zum Ehemann. Es hatte drei Jahre gedauert.

Sie konnte sich nicht rausreden, nicht sagen, sie sei blind vor Liebe gewesen. Ihr Abscheu vor Zahnärzten war mit den Jahren nicht geringer geworden. Warum wollte sie ihn unbedingt, warum war sie seinem Blendercharme erlegen, der sich schnell abgenutzt hatte? Jeder Charme verliert seinen Reiz. Sie konnte ihm nichts vorwerfen. Dass er allzu schnellen Sex, dafür aber ausgedehnte Essen liebte, das machte ihr nichts. Dass er sich für wenig außerhalb seiner Zahnarztpraxis interessierte? Das hatte er ihr nicht verheimlicht.

Er war der Betrogene in dem Spiel. Sie hatte ihn getäuscht. Mit einer Sprechstundenhilfe oder der schönen Kollegin, mit der er vor ihr lose liiert gewesen war, hätte er es besser getroffen.

Warum diese Mesalliance, die nun schon so lange dauerte? Denn er hatte ja recht gehabt, damals in Indien, sie mochte nicht mal besonders gerne mit ihm schlafen, hatte sich am Anfang nur angestrengt, es schön zu finden, oder ihm vorgemacht, dass sie es besonders schön fand. Was für ein Aufwand. Sex auf dem Waldspaziergang. Was für eine Idee. Sie hatte irgendwo gelesen, dass man Männer beeindruckt, wenn man sie mit Begehren an den unmöglichsten Orten überrascht. Das war ihr gelungen. Selbst ihre Eifersucht, die sich ins Unermessliche steigern konnte – zu Recht, denn überall lauerten unverheiratete Zahnärztinnen auf der Suche nach einem Partner für die gemeinsame Praxis –, nahm er schließlich gelassen.

Seine Versuche jedenfalls, ihr zu entkommen, blieben erfolglos: eine Ferienreise mit einem Studienfreund, von der er nur eine nichtssagende Karte schrieb, eine kurze Trennung nach einer absurden Szene, die sie ihm machte, weil er nicht angerufen hatte, viel zu spät an die Kinokasse kam. Der Film hatte gerade angefangen. Er fand, da sei er doch auf die Minute pünktlich, sie weigerte sich, noch hineinzugehen, weil sie die Werbung, die Vorschauen und den Vorspann verpasst hatten. Nachdem sie nicht aufhören konnte, ihm auseinanderzusetzen, dass das kein richtiger Kinobesuch sei und überhaupt typisch, dass er sie warten lasse und nicht mal für nötig halte, Bescheid zu geben, war es dann wirklich zu spät für den Film. Sein Zorn war ebenso glühend wie ratlos: »Wofür war das nun gut? Ich habe die Nase voll, endgültig, von dir, von deinen Szenen, ich will überhaupt nicht mit dir ins Kino gehen.« Er lief davon. Seine Entschiedenheit beeindruckte sie. Er konnte also ohne sie leben. Zurück ins Junggesellenleben finden – und das vielleicht so gar gerne. Das wäre der letzte Augenblick gewesen. Beide wussten, dass sie nicht zueinanderpassten. Damals nicht und heute nicht.

Sie hatte dann klein beigegeben, ihn schließlich angerufen, zum Spaziergang überredet und mit dem Sex im Wald zurückgewonnen. Männer waren einfach.

Und nun? Sie hatte den Kampf gewonnen. Der Junggeselle war besiegt und sie als Einzige auf dem Spielfeld zurückgeblieben. Keine anderen Frauen mehr. Sie war für ihn anstrengend genug.

Auf der Ayurvedakur hatte er ihr den Antrag gemacht. »Drei Jahre Prüfung. Wir haben bestanden. Lass uns weitermachen. Wir sind ein gutes Team. Warum auch immer. Ich verstehe es auch nicht. Es gibt jedenfalls kein besseres. Sozusagen Gold statt Amalgam.« Sie hätte nein sagen müssen, sie hatte sich doch habilitieren, aufbauen wollen auf ihrer – vom Professor einst so gelobten – Doktorarbeit, stattdessen war sie zur Praxismanagerin aufgestiegen, seiner Praxismanagerin. »Wer hat schon eine Promovierte? Da musste ich einfach zugreifen und die Dame hier für immer festhalten.« Jahrelang scherzte er mit ihrer Überqualifikation, wenn er auf Partys fremden Leuten von ihrem Leben erzählte. Viele Patienten dachten, sie sei Ärztin wie er, und verstanden nicht, warum sie nicht zum Bohrer griff.

Die Töchter waren aus dem Haus, die eine wurde Zahnärztin wie der Vater, praktischer kann man die Zukunft nicht planen. Immerhin braucht sie keinen Mann, der die Ayurvedakur bezahlt. Die andere macht eine Tischlerausbildung. Weit weg von den Interessen der Eltern, keine Zähne, keine alten Griechen oder Römer, obwohl die in ihren Geschichten ja auch nur noch als verstaubte Altertümer herumspukten. Manchmal zitierte sie noch ihre Doktorarbeit: »Zum Phänomen der beabsichtigten Kinderlosigkeit innerhalb der aristokratischen Oberschicht des spätrepublikanischen Roms«. Stoff von vorgestern. Obwohl sie mühelos Verbindungen zu den heutigen kinderlosen Akademikerinnen herstellen konnte. Ihr letzter Aufsatz für ein Fachmagazin lag dreißig Jahre zurück. Dass sie sich darauf manchmal noch bezog, überhaupt davon sprach, nach mehreren Gläsern Rotwein, die sie gerne und jeden Abend trank, war ihr selber peinlich. Sie hatte den bequemen Weg gewählt. Sie hatte sich nicht anstrengen müssen.

Manchmal, wenn er hinter ihr ins Badezimmer kam, ohne anzuklopfen, nach der allermodernsten Zahnbürste griff und ihr zum hundertsten Mal erklärte, warum ihre Handputzerei wirklich schädlich und wissenschaftlich widerlegt sei, dann dachte sie zornig an den entschiedenen Junggesellen. Dieser eine blöde Satz hatte sie herausgefordert. Es war wie in der Schule gewesen. Das wollen wir doch mal sehen, ob du wirklich der Schnellere, der Bessere, der Klügere bist. Du meinst, keine Frau kann dich halten. Du kennst mich nicht. So ungefähr musste es gewesen sein. Sie hatte ja auch gewonnen. Und ihr ganzes Liebesleben als Preis ausgesetzt. Hatte sie ihn überhaupt geliebt? Sie war verliebt gewesen in diesen fremden, charmanten Spieler, sie hatte ihn einfach haben wollen. Und der Champagner und die Reisen waren so viel netter als die ewigen Gespräche über eine freie Althistoriker-Stelle in Basel oder Tübingen. Lange redete sie sich ein, sie brauche keinen klugen Mann. Klug sei sie schließlich alleine. Dass sie sich darin getäuscht hatte, gestand sie sich selber erst nach einer ganzen Flasche ein.

Es war zu spät. Es gab kein anderes Leben und eine andere Liebe sowieso nicht mehr. Er war ja auch ein netter Mann. Seine Angeberei war einer milden Freundlichkeit gewichen, seitdem er die Bohrer aus der Hand gelegt hatte.

Und dann dachte Anna an die alten Freunde aus der Universität. Mit keinem hatte sie den Kontakt gehalten. Worüber hätten sie auch reden sollen? Ihre beste Freundin, die, mit der sie einst über den Hagestolz gelästert hatte, war Professorin geworden. Sie hatte damals nicht auf die Berufung reagiert, sich später dafür entschuldigt. Zu viel zu tun. In Wahrheit war es wohl der Neid gewesen, den sie sich nicht eingestanden hatte. Hätte sie nicht den falschen Mann gewählt … Aber das war zu einfach. Sie hatte ihn gewollt. Und sie hatte das Leben mit ihm bekommen. So war das mit der falschen Liebe im richtigen Leben. Oder umgekehrt.

Liebesglück

Zweimal hatten sie das Aufgebot schon verschieben müssen, er war ein vielbeschäftigter Mann, andauernd in der Welt unterwegs, da konnte immer ein Termin dazwischenkommen. Die Heirat war auch nicht wichtig. Ein bürokratischer Akt nur, dass sie im Falle eines Falles füreinander einstehen und Auskunft bekommen würden. Sie waren froh miteinander, ein eingespieltes Paar: Andrea und Anton. Zweimal A, das kann kein Zufall sein, hatte er gesagt, als sie sich beim Abendessen einer Freundin kennenlernten. Seine häufigen Abwesenheiten änderten nichts an ihrem Glück. Zweimal im Jahr fuhren sie gemeinsam in die Welt. Sie organisierte alles, machte einen exakten Plan, Flüge, Hotels, Exkursionen. Er fand das wunderbar. Er musste sich um nichts kümmern.

Einmal nicht derjenige sein, der die Fäden in der Hand hält. Auf ihrer letzten Reise – sie hatte dieses reizende Hotel gefunden, nicht weit von Rom, fantastische Lage, direkt am Meer und in der Vorsaison angenehm leer – hatte sie die Sprache auf die Hochzeit gebracht. Eine Freundin würde heiraten, man könnte doch zusammen ein Fest feiern. Er müsste sich auch wirklich um nichts kümmern, ihr nur die Adressen seiner Freunde geben. Natürlich würde sich nichts ändern, aber im Verwandtenkreis hatte sie gerade erlebt, wie man ein unverheiratetes Paar, das seit Ewigkeiten zusammen war, im Krankenhaus bedauernd auf die Rechtslage hinwies. Sie waren nicht verwandt, er hatte keine Patientenverfügung. Da war nichts zu machen. Und im Falle einer Erbschaft erst, das muss doch nicht sein. Warum dem Staat schenken, was ihm nicht gehört, denn wir sind schließlich nicht weniger ein Paar als die verheirateten Leute. Anton fand das alles vernünftig wie sie. Die Sache war abgemacht.

Andrea würde alles in die Wege leiten.

Das erste Aufgebot scheiterte wegen eines drin-

genden Termins in Helsinki, das zweite, weil seine
Mutter krank wurde. Das dritte hatte sie gerade auf
dem Standesamt festgelegt, als er sie aus Wien an-
rief. Sie erkannte an seiner Stimme, dass mit ihm
etwas nicht stimmte. Er redete nicht lange herum,
er habe sich verliebt, vor zwei Tagen, ein dummer
Zufall, er sei mit ihr zusammengestoßen, direkt vor
dem Naturkundemuseum. Sie wisse doch, dass er
dort bei jedem Wien-Besuch vorbeischaue. Und
genau das tat die Andere auch. Sie liebten beide die
von Motten angefressenen Eisbären, die räudig aus-
sehenden Affen und Löwen. Er sprach in einem
Ton, den sie von ihm nicht kannte. Bedeutungsvoll
zelebrierte er die Begegnung als unausweichlich, es
klang, als seien zufällig und großartigerweise zwei
Geheimbündler aufeinandergetroffen. Da kann
die ganze Welt nicht gegen ankommen. »Hör auf,
ich will das nicht wissen. Warum soll mich das interessieren. Ich kenne die Frau nicht, will sie auch
nicht kennenlernen. Was willst du mir eigentlich
sagen?« »Ich habe mich verliebt. Ich werde nach
Mannheim ziehen.« Sie konnte es nicht fassen.
Nach zwei Tagen. Und Mannheim? Und ihre

Wohnung, die sie gerade erst gemeinsam gekauft hatten? Im Lehel. Ein Glücksfall. Er ließ sich auf kein vernünftiges Argument ein. Sie könne alles behalten. Sein Anwalt würde das regeln, er wolle kein Geld von ihr. Es täte ihm alles so leid, aber er könne nichts dafür, das müsse sie ihm glauben. Das sei einfach Schicksal. Und mächtig. Einmal im Leben wolle er nicht rational entscheiden. Sie entblödete sich trotzdem nicht, zu fragen: »Und der Aufgebot-Termin?« Den müsse sie absagen.

»Der Standesbeamte hält mich doch für meschugge.«

»Es wird nicht wieder vorkommen, sag ihm das.«

Sie griff zum Einkaufsbeutel und ging auf die Straße. Um die Ecke war ein Schuster, der auch Schilder machte. Sie konnte darauf warten. Sie ließ ihren Vor- und Nachnamen eingravieren und tauschte das Schild mit Anton und Andrea an der Wohnungstür aus. An der Klingelanlage über- klebte sie seinen Namen, am Postkasten strich sie ihn mit einem dicken schwarzen Filzstift aus. Da- nach machte sie sich einen Glückstee, den ihr jemand beziehungsreich zum Geburtstag geschenkt hatte, und weinte. Sie konnte es einfach nicht fassen. Er tauschte zehn Jahre gegen zwei Tage. Er war verrückt geworden.

Seine Sachen ließ er abholen. Er nahm nur die Hemden und die Anzüge, Socken und Unterhosen, und erst als sie drohte, sie würde alles auf den Müll werfen, schickte er jemanden für die alten Fotoalben und seine CD-Sammlung. Sie wollte nichts von ihm in ihrer Nähe haben. Sie litt und nahm zehn Kilo ab, so hatte die Sache ein Gutes, aber sie sagte kein böses Wort über den Mann. Sie hätte das tun können. Jeder hätte es verstanden. Er hatte sich einfach aus dem Staub gemacht. »Wenigstens hat er dir die Wohnung überschrieben«, sagten ihre Freunde. Ja, wenigstens. Er hatte sich verliebt, was soll man da machen, in eine, die mottenzerfressene ausgestopfte Eisbären liebt. Mehr wollte sie von der Frau wirklich nicht wissen. Sie stellte sich die Nebenbuhlerin vor wie ihre alte knochige Biologielehrerin. Immerhin war sie nicht jünger als sie. Sie bat ihn, aufzuhören, wenn er mehr von ihr erzählen wollte. Das sei allein seine

Sache. Der Mann rief nämlich nach drei Monaten wieder an. Aus Mannheim, wenn seine neue Liebe nicht zu Hause war, er lebte mit ihr in einer kleinen Dachgeschosswohnung, enge Umstände, aber sie wollten sich bald vergrößern. Er rief auch von unterwegs an, ab und zu erst und dann wieder regelmäßig, aus Rom und Helsinki. Ausführlich konnten sie da reden, es war fast wie früher, nur dass sie ihm jetzt von den Reisen erzählte, die sie ohne ihn plante. Er wollte mit seiner Freundin ein paar Tage nach Usedom fahren, müsse sich noch um eine Unterkunft kümmern. Ob sie da was wisse. Aber das ging denn doch zu weit. Den Freundinnen erzählte sie, sie habe so ein Gefühl, als käme er langsam wieder zu sich. Sie merke an seiner Stimme, dass die Motten zu arg an den Eisbären fraßen. »Dass er sich um eine Reise kümmern muss, das passt ihm nicht.« »Würdest du ihn denn etwa wieder nehmen? Trotz all der Tränen, des Schmerzes, des Wahnsinns, den er dir zugemutet hat?« »Ja«, mehr konnte sie nicht sagen. Sie wollte ihn zurück. Sie hoffte und wartete.

Irgendwann stand er tatsächlich vor der Tür,

klassisch mit einem riesigen Strauß roter Rosen. »Ich war ein Idiot.« Sie ließ ihn ganz umstandslos in die Wohnung – und in ihr Bett. Die Mannheimerin hatte sein Mobiltelefon in die Hände bekommen, es genau angeschaut und die immer gleiche Nummer auf der Anrufliste gesehen. Sie musste nicht viel fragen, er gestand, sie machte eine Szene. Plötzlich gefiel ihm der Wahnsinn nicht mehr.

Er floh ins Hotel, rief sie von dort an, um vom anstrengenden Drama mit der Neuen zu reden. Sie wollte auch das nicht hören, plauderte mit ihm stattdessen heiter über die Frühlingsblüte in Umbrien, zu der sie bald aufbrechen wollte. Seine Liebesprobleme mit Eisbären-Frauen müsse er selber lösen.

Sie hat ihn zurückgenommen, ohne viel Aufhebens davon zu machen. Ein verlorenes Jahr.

Was machte das schon. Nur ein viertes Aufgebot hat sie noch nicht bestellt, aber man kann sich auch durch Privatverträge vernünftig absichern.

Liebesverlust

»Ich schaue mir alle diese Frauen ohne Mann an und weiß, dass ich Kompromisse eingehen muss, damit ich nicht werde wie sie. In Wahrheit wollen sie doch alle einen, im Zweifel auch meinen.« Später wird Almut diesen Satz vergessen und froh sein, dass sie all die Streitereien hinter sich und ab und zu selber interessante Affären hat, die niemandem weh tun. Viel später wird sie ihn in Zweifel ziehen, als sie von einer dieser Affären verlassen wird, genau in dem Augenblick, als sie sich vorzustellen begann, wie es wäre, mit ihm sonntags in Schlabberhosen vor dem Fernseher zu sitzen und *Tatort* zu schauen. Er konnte sich das plötzlich auch vorstellen, allerdings mit einer anderen, einer jüngeren Frau, die ihm auch noch den dringenden Kinderwunsch erfüllen würde, den er plötzlich spürte, den Almut nicht mehr hatte, nicht mehr zu haben brauchte, denn ihr Sohn war ja schon erwachsen. Und noch viel später wird sie sich traurig an ihn erinnern. Das wird der Augenblick sein, als sie zufällig mitanhört, wie der jüngere Mann einer alten Freundin über sie sagt, sie habe so eine unerträgliche altjüngferliche Rechthaberei an sich. Sie ist also genau so geworden, wie sie nie sein wollte.

Sie waren so jung gewesen, beide auf der Kunsthochschule, beide begabt und voller Hoffnungen. Er stand vor ihrem Bild. »Du malst, wie Bang geschrieben hat. Du bist eine, nein, du bist vielleicht überhaupt die interessanteste neue Impressionistin.« Sie nahm das als größtes Lob, besorgte sich alle Bücher des großen Dänen und lud den Kommilitonen zum Essen ein. Er war ein Selbstquäler, einer auf der Suche nach dem ganz Großen. Er konnte stundenlang über Malewitsch reden, der sein Gott war. Er war ein Radikaler, dem ihre Bilder nicht wirklich gefallen konnten, aber das begriff sie erst später. Der Anfang war – wie immer und bei allen Paaren – schön und voller Täuschungen. Anders als andere Männer konnte er sie andauernd zum

Lachen bringen. Wenn er Karl Valentin memo-
rierte oder mit ihr allein die Reise nach Jerusalem
spielen wollte und daraus ein absurdes komisches
Zweipersonenstück machte. Er war fantasievoll
wie kein anderer, den sie kannte. Dass er nie den
Müll mitnahm, das sah sie ihm nach. Man kann
nicht alles haben. Ein Clown ist auch kein Hoch-
seilartist. Aus dem blöden Müll würde sie keine
große Sache machen. Niemals. Das versprach sie
sich und ihren skeptischen Freundinnen.

Als sie unverhofft und ungewollt schwanger
wurde, kannte seine Begeisterung keine Grenze.

Er baute eine große Spielzeugkiste. Das Holz
stammte aus schönen alten Schubladen, die er auf
dem Flohmarkt zusammensuchte. Ein langwieri-
ges Projekt. Das Kind sollte vom Teddybären bis
zu den Abituraktenordnern darin alles verstauen
können.

Erst einmal brauchte das Kind aber ein Bett und
Strampelanzüge und einen Kinderwagen, und sie
brauchten eine größere Wohnung, und regelmäßig
Geld auf dem Konto wäre auch praktisch. Hoch-
schwanger beginnt sie kurzentschlossen ein Refe-

rendariat und stellt den Traum vom Künstlerinnendasein in den neuen Besenschrank von IKEA. Sie wird Lehrerin und ist das bald sogar gerne, er verachtet sie ein wenig dafür und liebt sie noch viel mehr, weil sie ihn sein lässt, wie er ist.

Bis der Augenblick kommt, wo sie das nicht mehr kann, ihn lassen, wie er ist. Sie ist am Ende, vor der Schule das Kind in den Kindergarten bringen, weil er ausschlafen muss, er ist der Künstler in dieser Kleinfamilie, das darf sie nie vergessen, er muss ins Atelier, das er behalten hat, auch wenn das Geld dafür eigentlich nie reicht, er übernachtet auch dort, als der Sohn erst die Windpocken, dann den Keuchhusten hat. Er darf sich nicht anstecken, weil er dann nicht arbeiten, sein wichtigstes Bild nicht zu Ende bringen kann. Leider interessiert sich keiner für das große Werk. Er muss einen Job annehmen und baut am Bühnenbild eines befreundeten Theatermannes mit. Er macht das gut, er verdient Geld, aber er verachtet sich dafür.

Und er gibt ihr die Schuld, weil sie ihn gezwungen hat, diese unkünstlerische, diese Handlangertätigkeit anzunehmen. Sie hatte nur gesagt, das Geld könnten sie gut gebrauchen. Keine große Qual. Lauter kleine Gemeinheiten sind jetzt an der Tagesordnung. Immer noch bringt er sie zum Lachen wie keiner sonst, nur passiert das selten. Sie ist abends müde, wenn er noch ausgeht. Wenn er zurückkommt, schläft sie schon. So viel Spießigkeit kann er nicht verstehen. Und dann reißt ihr der Geduldsfaden. Sie wirft ihm seine Ignoranz und seine Selbstbezogenheit vor die Füße.

Er will mit so einer blöden Kleinbürgerin wirklich nicht länger das Bett teilen. Als er sich umdreht und ganz ins Atelier zieht, macht das für sie fast keinen Unterschied. Sie fühlt sich von einer Last befreit. Den Sohn nimmt er jedes zweite Wochenende und manchmal auch außer der Reihe. Wenn sie auf eine Klassenfahrt muss oder Elternabend hat. Das lässt sich arrangieren.

Er verdient kein Geld. Zahlt mit Zeit statt Unterhalt.

Zu seinem fünfzigsten Geburtstag schenkt ihm der Sohn einen Motorroller. Almut ist zum großen Fest nicht eingeladen. Er hat eine neue Frau, die jetzt das Geld verdient, und einen neuen kleinen

Sohn, mit dem er wieder große Literatur liest und Drachen steigen lässt.

Nie wieder hat sie mit einem Mann so gelacht wie mit ihm. Nie wieder hat einer sie so ausgenutzt.

»Isabelle und Amory sahen sich über das gebratene Huhn hinweg zärtlich an und wussten, dass ihre Liebe ewig dauern würde.«

Liebestraum

Sie haben sich gerade erst kennengelernt, er stand mit dem Auto vor ihrer Tür, abends, als sie nach Hause kam, ein Cabriolet, nicht seines, es gehört einem Onkel, aber das erfährt sie erst später, und es spielt auch gar keine Rolle, das Verdeck war heruntergeklappt und lauter Teelichter brannten. Er saß inmitten der Kerzen und wartete auf sie. Am Abend vorher waren sie einander begegnet auf dem Geburtstagsfest eines Freundes, hatten kurz miteinander gesprochen, einmal getanzt, dann musste sie gehen, sie hatte Frühschicht am nächsten Tag, durfte nicht unausgeschlafen sein. Ein letzter Blick, seine Frage, ihre Antwort: Ja.

Deswegen stand er am nächsten Abend da, und sie war hingerissen und es gab keine Frage mehr.

Nun sitzen sie im Zug, ihre erste gemeinsame Reise. Die Fahrt wird lange dauern, das Hotel bescheiden sein, aber das ist ganz egal. Sie strahlen sich an, jeder sieht das Glänzen in ihren Augen, erkennt das Wunder, das ihnen gerade widerfährt. Sie haben sich gefunden. Ihre Beine sind ineinander verkeilt, ihre Hände streicheln und suchen sich, ihre Blicke gehören nur einander. Er schaut sie an und staunt über ihre Schönheit, hört jeden ihrer Sätze voller Bewunderung. Sie ist so klug.

Sie kann gar nicht aufhören, ihn anzusehen, er ist so hübsch, so wach und weiß so viel.

Sie haben sich getroffen und sind füreinander bestimmt. Und jedes Mal, wenn sie sich umarmen, sind sie sich dieses unglaublichen Glücks gewiss.

Nachtrag

Sie dachte darüber nach, wie wohl die Frau des Künstlers sich fühlen mochte, der, auf eine blöde Magazin-Frage nach der ewigen Liebe, erklärte, die gebe es heute als lebenslanges Projekt nicht mehr. Vielleicht im Kino, aber nicht in Wirklichkeit. Und dann sagte er noch, die Liebe zu seinen Kindern, die habe ihm dagegen eine neue Dimension eröffnet. Seltsamerweise stellte er keine Verbindung zwischen seiner Frau und seinen Kindern her.

Früher schenkten Männer ihren Frauen zur Geburt eines Kindes voller Dankbarkeit ein Schmuckstück. Wenigstens das.

Beziehungsweise – warf er da ein – waren es doch vor allem die Frauen, die das abschätzig Wurfprämie genannt hatten.

Das haben sie nun davon. Beide.

Das Zitat von Alice Munro stammt aus der Geschichte »Die Kinder bleiben hier«, die Zitate von F. Scott Fitzgerald auf S. 76 und S. 126 aus dem Roman *Zärtlich ist die Nacht* und auf S. 171 aus dem Roman *Diesseits vom Paradies*.